조선을 지켜낸 어머니

조선을 지켜낸 어머니

윤동한 지음

가디언

영웅의 출현, 거처를 세 번 옮겨
위대한 장군을 탄생시키다

충무공 이순신 장군의 모친 초계 변씨草溪 卞氏는 우리나라 역사상 보기 드문 여장부요, 위대한 어머니상이다.

조선 중종 10년(1515)에 태어난 그녀는 정치·경제적 격랑기에 네 아들을 키워냈고, 아들 둘과 남편을 앞서 보낸 후 셋째 아들 충무공을 뒷바라지하며 조선 최고의 명장으로 키워냈다.

변씨는 이순신을 영웅으로 키우고자 세 곳의 거처에서 자녀를 가르치고 길러냈다. 조선의 사회 체제상 쉽지 않은 일이었다. 서울의 거처였던 건천동은 과거를 준비하는 학생들이 모여든 동학東學과 가깝고, 무과생들을 위한 훈련원과도 가까워 자식을 교육하기에 딱 좋은 곳이었다. 그럼에도 변씨는 시부와 남편이 벼슬에서 멀어지면서 가세가 기울고 자식들의 입신출세에 문제가 생길 소지가 발생하자, 이순신의 청소년기에 가솔 전체를 이끌고 서울에서 아산으로 이사를 단행했다.

아산 이사의 배경에는 이순신의 조부 이백록李百祿의 탄핵 건이 있다. 이백록은 음보로 선교랑 평시서봉사平市署奉事로 재직 중, 중종 39년(1544)에 일어난 국상 때 혼인 잔치를 했다는 이유로 탄핵을 받고 파직당하면서 녹안錄案에 기록이 남았다. 녹안이란 관리의 범죄 사실을 기록한 장부다. 여기에 오르면 본인과 후손들까지 관리로 임명되는 데 불이익을 당했다. 변씨로서는 자식들의 장래가 염려될 수밖에 없었다. 양반가에 소문도 파다하게 나 있었을 것이다. 이에 과감하게 아산으로 이사를 하고 순신의 학업을 무과로 바꾸게 하면서 치밀하게 장래를 준비한 것으로 볼 수 있다.

또 모친 변씨가 아산의 유지이자 보성군수 출신 방진方震의 집안 외동딸을 점찍어 이순신과 결혼에 이르게 했다고 짐작된다. 물론 양가를 잘 아는 영의정 이준경李浚慶이 본격적으로 중매에 나서 양가의 혼인이 이루어졌다.

이후 이순신은 무인이던 장인 방진의 가르침을 받으며 무과로 방향을 바꾸었고, 무과 급제까지 이루어냈다. 이순신의 무과 급제는 변씨 문중에서의 학문과 무술에 대한 후원과 충고, 방씨 가문의 지원 등으로 이루어졌다. 이 과정에서, 두말할 필요 없이 모친의 혜안이 큰 도움이 되었을 것이다.

조선 초기에 크게 빛을 발했던 문관 집안에서 이순신은 무관의 길을 택했다. 이 놀라운 변신을 후원하고 지지해준 이가 바로 모친 초계 변씨였다.

변씨는 임진왜란이 일어나자 이순신을 정신적으로 후원하기 위해 아산에서 홀로 여수 고음내로 이사를 단행한 후 지극 정성으로 기도하며 아들을 뒷바라지했고, 전란 극복에 큰 도움을 주었으며 충무공의 자립, 자주, 충성의 가치관에 평생 깊은 영향을 미쳤다.

심지어 모친을 잠시 찾아뵈러 온 이순신이 아침을 들고 하직을 고하니 "잘 가거라. 나라의 치욕을 크게 씻으라" 하고 두 번 세 번 타이르며 조금도 이별하는 것을 탄식하지 않을 정도로 당찬 모습을 보였다.

초계 변씨는 가부장 중심의 조선시대에선 찾아보기 어려운 여장부였고 쇠락해가던 가문의 재산을 일으킨 실질적인 가장이었으며, 빼어난 인맥과 통찰력을 가진 분이었다. 또 엎친 데 덮친 격으로 찾아온 불행 속에서 조금도 굴하지 않고 대범하고 과감하게 가문을 지켜냈다. 그리고 그 덕분에 이순신은 마음 놓고 공직을 수행할 수 있었다.

초계 변씨의 가르침은 한석봉의 어머니와 맹자의 어머니 이야기를 뛰어넘고도 남는다. 초계 변씨의 삼천지교(三遷之敎, 세 번의 다른 거처에서의 가르침)는 그래서 더욱 돋보이는 탁월한 리더십이다.

충무공이 모함을 받아 선조에게 밉보여 파직당하고 감옥에 갇혔을 때 변씨는 83세의 병든 몸이었다. 노구를 이끌고 그녀는 아들을 만나기 위해 배를 타고 상경하다가 목숨을 잃고 만다. 상경하기 전 극구 말리는 사람들에게 그녀는 외쳤다. "내 관을 짜서 배에 실으라."

이처럼 자신의 목숨값으로 아들을 살려내고 말겠다는 당찬 의지는 결국 명량대첩의 에너지가 되었다.

과연 이순신이 《난중일기》 곳곳에서 기록한 대로 그에게 있어 '어머니[天只]는 하늘'이었다.[1] 한 사람의 탁월한 자식 사랑이 위대한 영웅을 탄생케 한 것이다.

이 책이 탄생하기까지 많은 어려움이 있었다. 인문도서로 접근하기에는 사료가 턱없이 부족했고, 역사 추적이 곳곳에서 벽에 부딪히는 바람에 한계에 봉착해 한동안 집필을 진행하지 못한 적도 있었다. 하지만 꾸준한 사료 추적으로 어느 정도 성웅의 어머니 초계 변씨의 삶의 흔적들을 찾아낼 수 있었다.

필자는 이번에 선보이는 이 책을 통해 우리가 중국의 '맹자 어머니'에게만 쏠렸던 바르고 어진 어머니상에서 벗어날 수 있을 것으로 기대한다. 누가 봐도 그럴 수밖에 없겠지만 이 책을 읽고 나면

---

1 이순신은 《난중일기》에서 어머니를 대부분 천지(天只)라고 썼다. 이는 《시경》의 〈백주 (栢舟)〉에 나오는 표현으로 하늘이란 뜻이다. 《난중일기》(글항아리, 2018) 중 박종평의 해설 에서.

우리 역사에서 이순신 장군의 어머니만큼 지혜롭고 위대하며 아들 사랑이 지극했던 역사적 인물을 찾아낼 수 없을 것이라 감히 생각한다.

신사임당도 위대하고 허난설헌도 위대하다. 한석봉의 어머니도 어머니상으로는 훌륭하다. 그러나 한반도가 절체절명의 위기에 처했을 때 이를 목숨 바쳐 구해냈던 충무공이 없었다면 이 나라는 지금 역사에서 사라지고 말았을 것이다. 초계 변씨가 이 위대한 영웅을 품고 길러내 세상에 선보였기 때문에 누란의 위기에서 나라를 구할 수 있었던 것 아닌가. 그래서 지금 우리는 다시금 영웅의 어머니 초계 변씨를 주목하게 되는 것이다.

이 책이 우리 역사에서 사라진 위대한 어머니상 발굴에 도움이 되는 소박한 발걸음이 될 것이라 믿는다.

2022년 정월 여주에서

윤동한

차례

프롤로그

영웅의 출현, 거처를 세 번 옮겨 위대한 장군을 탄생시키다 _4

1부 삼천지교의 교훈

덕수 이씨 가문의 서울살이

- 자식의 앞날을 준비하기 위한 고달픈 도성 살림 _17

모친 변씨가 본 아들 이순신의 장점 _22

가족 사랑과 책임감 _30

모친의 기대, 건천동에서 쌓은 인맥과 우정 _31

5대조 대제학 이변의 후광 _37

호랑이 장령 증조부 이거의 명성 _41

을묘사적과 거리가 멀어 _44

조부 이백록, 가문에 평지풍파를 불러오다 _48

정치적 소용돌이를 피한 이주 _55

탈출구가 없는 살림

- 녹봉 없는 양반 가문, 모친의 고단한 서울살이 _59

1부 정리편 _64

2부 아산으로 이주를 결단하다

가문의 회복을 간절히 바라다 _69

양반가에 떠도는 소문을 지워버리자 _73

덕수 이씨 못지않은 변씨 가문 이야기 _76

아산 이주에 대한 시기 특정 _78

변씨 선조들의 아산 이주, 사림 사회를 등에 업다 _80

외가에 내려온 무인의 피 _93

아산 낙향의 장애물 '문무과 급제의 낮은 확률' _94

과연 영의정 이준경이 중매를 섰을까? _96

옹졸한 선조, 정도를 가르친 이준경, 대범했던 이순신 _99

이준경·방진·정걸의 인연이 만든 영웅 _105

방진의 든든한 후원도 큰 몫 _108

모친 변씨의 재무관리, 〈별급문기〉_111

모친, 이순신의 기둥으로 스승이 되다 _120

모친과 순신의 대쪽 같은 성격 _121

이순신에게 전해진 가문의 가르침 _124

《난중일기》에 드러난 모자간의 사랑 _125

2부 정리편 _133

3부 오직 아들의 승전을 위해 여수로 이거하다

여수 송현동에서의 마지막 여정 _139

편안함을 물리치고 애써 아들 곁으로 _143

정대수 가문의 후원과 지지 _154

서로 못 보고는 못 사는 각별한 애정 _159

"아들이 기쁠 수만 있다면…" _161

가서 나라의 치욕을 크게 씻으라 _162

나 없는 세상을 살아갈 아들에게 _171

정유년, 운명의 날이 다가오다 _184

구명 작전, 충신들이 나서다 _190

죽음이냐 생환이냐 _194

형평이 맞지 않은 형편없는 처벌 _197

신구차를 올린 노신의 지혜 _200

아들을 살리려면 내가 죽어야 한다 _207

이순신의 예감은 틀리지 않았다 _212

3부 정리편 _221

4부 변씨의 가르침을 받은 빛나는 후손들

모친의 죽음에 변씨 후손들이 대동단결하다 _229

덕수 이씨의 후손들 _233

변씨의 죽음에 뭉친 가문의 후손들 _242

변씨 가문, 13인의 행적 _244

이치고개로부터 장흥 유허비까지 _248

국토 최남단 정남진땅 장흥에서 피를 흘리며 지키다 _251

"우리 외손 이순신 장군을 돕자" _254

변씨 가문의 의병들 _259

《난중일기》에 나오는 초계 변씨들 _261

4부 정리편 _268

부록   초계 변씨 가계도 _271

초계 변씨와 이정, 이순신의 가계도 _272

초계 변씨 연보 _274

이순신 장군의 삶 _276

글을 마치며 _279

1부

삼천지교의 교훈

덕수 이씨 가문의 서울살이
- 자식의 앞날을 준비하기 위한 고달픈 도성 살림

초계 변씨는 우리 민족의 영웅 이순신을 서울 건천동에서 낳았다. 지금의 충무로 근처로, 이순신이 서울 태생임을 알 수 있다. 1545년 음력 3월 8일, 양력으로 치면 4월 28일이다.

원래 조선의 사대부나 무관들은 경복궁을 중심으로 거처를 정했다. 경복궁에서 동쪽으로는 북촌이다. 북촌은 당시의 모든 세력을 쥐고 있던 권문세가가 모여 살던 곳이었다. 풍수지리적으로도 경복궁과 창덕궁 가운데 위치하고, 지리적으로도 가까웠기 때문에 선호하던 곳이었다. 북촌에 비해 남산 밑자락에 있던 남촌은 상대적으로 부유하지 않은 선비들이 모여 살거나 지방서 올라온 사대부들, 무관들이 많이 자리를 잡았다.

이순신 생가 추정지

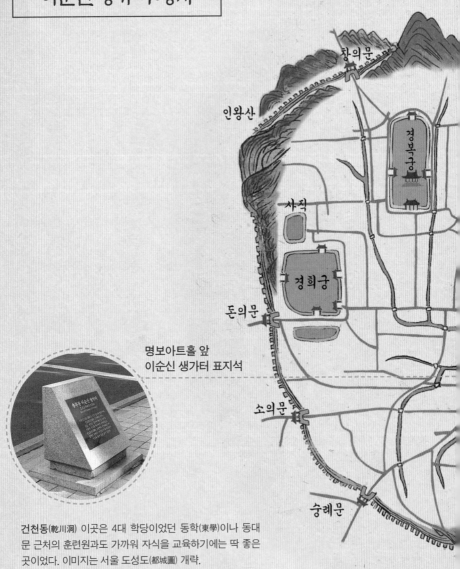

명보아트홀 앞
이순신 생가터 표지석

건천동(乾川洞) 이곳은 4대 학당이었던 동학(東學)이나 동대문 근처의 훈련원과도 가까워 자식을 교육하기에는 딱 좋은 곳이었다. 이미지는 서울 도성도(都城圖) 개략.

일러스트: 임경선

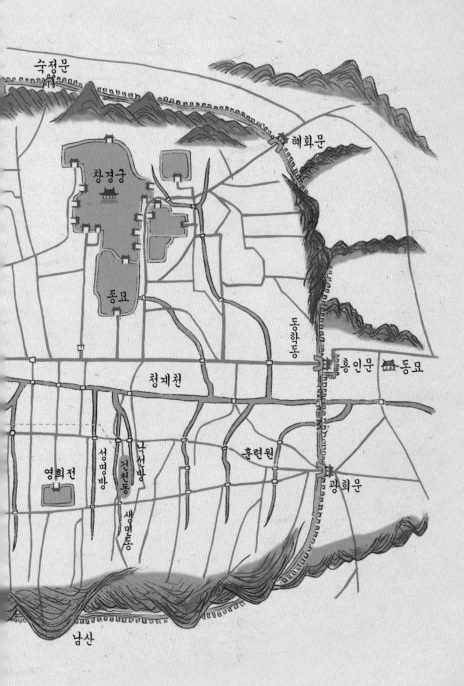

숙정문

혜화문

창경궁

종묘

동학동

청계천

흥인문

동묘

성명방

낙선방

건천동

생미동

영희전

훈련원

광희문

남산

북촌과 남촌의 경계가 청계천이었다. 건천동은 청계천으로 들어가던 마른내[乾川가 있던 곳이었다. 건천동은 한자 이름이고, 원래는 마른내라고 불렸다. 비가 오면 갑자기 하천이 되고 비가 그치면 언제 그랬냐는 듯이 말라버린다는 건천이다. 옛 지도에서 보듯 목멱산이라 불리던 남산에서 물이 내려오면서 하천을 이룬 것이라 생각된다. 지금의 서울 중구 인현동에 해당하는 건천동은 서울 지하철 을지로3가 역과 을지로4가 역의 중간쯤에 있었고, 지금의 명보아트홀 옆이다. (18~19쪽 지도 참고)

《홍길동》의 저자이자 불운의 천재 허균許筠은《성소부부고惺所覆瓿藁》[2]라는 문집에서 건천동을 다음과 같이 언급한 적이 있었다. 강릉 외가에서 태어난 허균은 친가가 있는 한양 건천동에 이복형 허성이 살고 있었기에 친가를 자세히 기억하고 있었다.

> 나의 친가는 건천동에 있었다. 청녕공주 저택 뒤로 본방교까지 고작 서른네 집인데, 이곳에서 국조國朝 이래로 명인이 많이 나왔다. 김종서와 정인지가 같은 때였으며, 양성지와 김수온이 한 시대였고, 그후 노수신과 나의 선친 초당 허엽이 다시 한 시대였다. (중략) 근세에는 류서애와 가형家兄 및 덕풍군 이순신, 원성군 원균이 같은 시대가 된다.

---

2 조선 중기의 문인인 성소(惺所) 허균이 편찬한 시문집이다. 총 26권 8책으로 구성되어 있다. 허균이 칩거 생활, 유배생활을 하던 동안에 저술했던 시와 산문들을 모은 책이며 당시 건천동 일대 인물들을 상세하게 묘사해 그 무렵 양반가들의 삶의 자취를 엿볼 수 있게 한다.

본방교本房橋는 지금은 없어져 위치를 알 수 없는데, 서울의 고지도를 뒤져보니 남산에서 내려와 필동천으로 흘러가던 작은 하천인 생민동천生民洞川에 놓은 다리였다. 입정동 294번지에 있었다는 기록이 나온다. 필동천은 다시 청계천으로 이어진다. 건천동은 필동천과 생민동천, 그리고 남산서 내려오는 길목이 겹치는 곳이었고 그곳은 비가 오면 내가 되는 마른내동이었던 것이다. 이곳에 34채의 양반가가 옹기종기 살았다. 이 일대는 이런 위대한 인물들이 모여 살았던 곳이라는 점에서 주목할 필요가 있고, 앞으로 문화 역사적으로도 더 깊은 연구가 필요할 것이다.

앞의 글에서 초당이라는 이름이 낯설지 않은 것은 우리 독자들이 아는 대로 허엽許曄이 초당 두부를 개발한 분이라고 알려진 탓이다. 이것이 정설인지는 차치하고 사실 허엽, 허성許筬, 허봉許篈, 허균, 허난설헌許蘭雪軒은 허씨 집안의 5대 문장가로 더 알려져 있다.

서애는 류성룡柳成龍이다. 퇴계가 극찬한 인재다. 원씨 가문도 대대로 명성이 자자한 집안이었으며 원균은 경상우도 병마절도사를 지낸 원준량의 장남이다. 1569년생인 허균이 볼 때, 그가 짚은 인물들은 한 시대를 풍미하던 인재들이다.

친가에는 허성, 허봉, 허균, 허난설헌이 살았는데 허성은 그중에서도 똑똑해 1583년 별시別試 문과에 병과로 급제, 1590년 정사 황윤길과 부사 김성일의 서장관으로 조선통신사에 포함되어 일본에 다녀왔다. 임진왜란의 징조를 알아보려 보냈던 그 유명한 통신사 대열이었는데 정사와 부사의 입장이 달라 나라가 둘로 쪼개졌던 것을 기억할 것이다.

같은 동인이지만 이때 허성은 학봉 김성일과 달리 일본의 침략설을 지지했다.

한편 1545년생인 이순신을 중심으로 보면, 그의 형 요신이 서애 류성룡(1542년생)과 동갑 친구였고 동학을 같이 다니며 우애를 키웠던 것으로 전해진다. 그리고 허성(1548년생), 원균(1540년생)이 한양 건천동에 살았던 적이 있는 것으로 허균은 언급했다. 임진왜란에서 나라를 구한 주역들이 한 동네 옹기종기 모여 산 것도 대단한 일이라는 생각이 든다.

한편 퇴계로 북쪽, 지하철 3·4호선 충무로역 동북쪽에 위치한 충무로4가 지역 근처는 조선시대 초기 한성부 남부 낙선방樂善坊과 성명방誠明坊에 속했던 곳으로도 알려져 있다. 이곳 일대에 있던 생민골生民골이라는 마을에 세조 때 사육신死六臣의 한 사람인 박팽년朴彭年, 1417~1456이 살았다. 《동국여지비고東國與地備攷》에 보면 "박팽년의 집이 낙선방 생민동에 있는데 반송盤松 한 그루가 있어서 육신송六臣松이라 했으나 지금은 고사되었다"라고 기록되어 있다고 한다.

이런저런 사료를 볼 때 이순신은 서울 사람이 확실하고, 그것도 서울 한복판 동네에 살았던 것이 맞다. 서애도 이순신을 서울 사람이라고 했다.

모친 변씨가 본 아들 이순신의 장점

이순신은 어린 시절의 대부분을 생가인 서울 건천동에서 자랐다. 같은 동네에 살았던 류성룡은 《징비록懲毖錄》에서 이순신이 어린 시절부터 큰 인물로 성장할 수 있는 자질을 갖추고 있었음을 다음과 같이 묘사하고 있다.

이순신은 어린 시절 얼굴 모양이 뛰어나고 기풍이 있었으며 남에게 구속을 받으려 하지 않았다. 다른 아이들과 모여 놀라치면 나무를 깎아 화살을 만들고 그것을 가지고 동리에서 전쟁놀이를 하였으며, 자기 뜻에 맞지 않는 자가 있으면 그 눈을 쏘려고 하여 어른들도 꺼려 감히 이순신의 문 앞을 지나려 하지 않았다. 또 자라면서 활을 잘 쏘았으며 무과에 급제하여 발신發身[3]하려 하였다. 또 자라면서 말 타고 활쏘기를 좋아하였으며 더욱이 글씨를 잘 썼다.

이순신은 어릴 때부터 반드시 대장이 되겠다고 했습니다.[4]

이순신은 성격이 강하고 굳세어 다른 사람에게 굽히지 않습니다.

물론 기풍이 있었다든가 단아한 선비 모습이라든가 하는 설명만으로 이순신의 모습을 알 길은 없다. 사람은 보고 싶은 것만 보는 습성이 있다. 그래서 이런 여러 가지 모습을 모아보면 실제 인물의 특성이 나

---

3 천하거나 가난한 처지를 벗어나 앞길이 훤히 트임.

4 류성룡이 선조에게 올린 이야기 중에서(1597년 1월 27일).

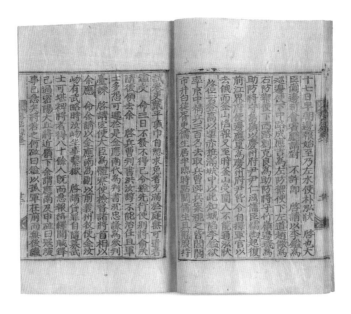

《징비록》서애 류성룡이 임진왜란의 발발 원인과 과정, 수습 과정을 상세하게 기록한 책이다. 류성룡은 이순신의 외모와 인품을 상세하게 묘사했다.

타나기도 한다. 이순신의 외모와 관련된 상세한 묘사는 이순신보다 8세 연하이자 일설에 《농가월령가》의 저자로 알려지기도 한 문신 고상안高尙顏이 남긴 문집인 《태촌집泰村集》에 나와 있다.

> 말과 지모는 실로 난리를 평정할 만한 재주이나 생김이 풍만하지도 후덕하지도 않고 관상도 입술이 뒤집혀 복이 있어 보이진 않는다.

애정이 담겨 있는 표현은 아니다. 오히려 외모보다는 언행에 치중한 모습이며, 고상안이 처음 이순신을 만났을 때 인상이 강해 보였다는 이야기도 된다.

반면 서애 류성룡은 "용모가 단아하고 정갈하였다_{容貌雅飭}"라는 묘사를 남겼다. 서애가 사대부 출신이고 이요신과 친구 간이었으며 서당에서 공부하던 이순신의 모습을 기억하여 선비적인 모습을 보았으리라는 추측이 가능하다. 그 역시 선비라 그럴 수 있다. 선비의 눈으로 본 선비의 모습이다.

조카 이분_{李芬}이 지은 《이충무공전서》 권9 부록에 이순신도 문과를 준비했다는 내용이 나올 정도로 순신에게는 선비의 모습이 분명 담겨 있었기에, 단아한 사대부의 모습을 읽을 수 있었을 것이다.

자신의 이복형 윤영이 이순신 장군의 사위였던, 문신 윤휴는 특히 이순신에 대해 관심이 컸다. 그의 기록은 이 장군의 용모가 남성적이고 무인의 상이라 전하고 있어 눈길을 끈다.

1605년 태어났던 남파 홍우원도 이순신에 대한 이야기와 기록을 듣고 읽은 후 시를 남겼다. 그도 마찬가지로 이순신을 팔척장신에 팔도 길어 힘도 세고, 제비턱과 용의 수염과 범의 눈썹을 지닌 제후의 상이라고 썼다. 팔척이면 2미터가 훨씬 넘는데, 다소 과장일 것이나 그만큼 컸다는 것을 암시한다. 또 그는 시에서 이순신의 활쏘기에 대해 백발백중의 궁수 실력임을 기록했다.

반곡 정경달도 그가 쓴 《난중일기》에서 이순신의 활쏘기와 담대함을 노래했다. 선산군수 정경달은 임진왜란 때 이순신을 도우며 종사관으로 활약했던 인물이다. 그는 활쏘기에 주안점을 두고 용모보다는 신기에 가까운 활쏘기를 언급했다.

다양한 이순신 초상들 이순신 장군의 초상은 보는 이마다, 전해 듣는 이마다 달랐다. 대체로 건장한 모습으로 때론 인자하거나 엄격하게 묘사됐다. (국립진주박물관 전시에서)

이런 면을 종합해서 살펴본다면 다소 다른 관점은 있지만 이순신이 어릴 때부터 힘도 좋고 체구도 컸을 것이라는 추측이 가능해진다. 이 때문에 모친으로서는 무과에 대한 고민도 할 수 있지 않았을까?

그리고 여러 가지 기록들도 이순신이 절대로 뒤로 물러서는 성격이 아님을 전하고 있다. 또 어린 시절에 대해 전해오는 이야기로는 길거리에서 뭇 아이들과 장난치며 놀 때도 언제나 대장이었고, 진을 치고 전쟁놀이 하기를 좋아했으며 대오가 엄숙했다고 한다.

이순신의 모친 변씨도 이런 점을 눈여겨보기 시작했을 것이다. 온순하고 자제력이 있지만 불의한 일은 참지 못한다는 점도 감안했다. 이런 성향은 호랑이 같은 증조부 장령 이거李琚에게서부터 내려온 인품의 특성이라고 생각된다. 변씨는 이런 특징 하나도 가볍게 보지 않고 가슴에 새겨두며 아들의 장래를 준비하기 시작했을 터이다.

"희신은 책임감이 강하고 희생정신이 많아 가문을 이끌고 가기에 딱 적합하지만 과거를 볼 수준에는 이르지 못한 것이 아닐까? 게다가 지금은 아직도 시부님의 사건 여파가 남아 있어 등과를 준비하라고 밀어붙이기에는 어려운 면이 있어. 그렇다면 다음은 요신인데 병약한 면이 있지만 두뇌가 명석하니 우리 가문에서 3대 만에 대과에 급제할 만한 인재가 될 수 있을 게야. 그러니 일단 동학에 보내 공부를 시켜가며 성균관으로 가게 준비하는 게 좋겠어. 순신은 아직 어려서 잘 모르겠지만 학문하는 자세도 좋고 집중력이 뛰어나니 과거까지 갈 수 있게 준비해야겠어. 그런데 이 아이는 얼마나 활동적인지, 아무리 봐도 외조부를 닮은 구석이 있는 것 같아. 무과 급제도 좋겠지. 잘 지켜봐야겠어."

변씨는 이런 생각을 늘 하면서 자식들 교육에 임해왔던 것이리라.

변씨의 가르침이나 기대, 이순신의 어린 시절 교육 모습을 증거할 만한 자료는 별로 없는 것이 사실이다. 하지만 천성이 잘 변하지 않는다는 점을 볼 때 성인이 된 이순신의 모습을 살펴보면 어린 시절을 짐작할 수 있을 것이다.

마찬가지로 모친 변씨의 모습이나 언행도 《난중일기》 등에서 나타난 어머니의 모습에서 엿볼 수 있을 것이다. 이 부분은 뒤에서 다시 언급하기로 한다.

이순신에 대해서는 현대적인 시각으로 정리한 글도 제법 많다. 이순신 전기만 수십 권 이상이 될 것이다. 비슷비슷하지만 이런 글들을 종합해보면 이순신의 어린 시절 모습과 성격까지도 짐작할 수 있는 단초가 된다. 이렇게 본 이순신의 성격적 특성을 정리해보면 다음과 같다.

먼저, 목표를 잡으면 끝까지 이루어내는 집념이 있다. 위기가 찾아와도 굴하지 않고 어떤 위협이 와도 타협하지 않는다.

둘째, 나라를 지키고 사랑하며 정의로운 사회를 만들려는 가치관을 가졌다. 정도正道의 가치관이다. 그는 나라에 대한 충성심으로 가득 차 있다.

셋째, 그는 위민의식과 동포애로 가득한 리더였다. 어디서든지 백성이 먼저였다.

다음은 1597년 정유년 10월 21일의 일기다.

> 밤 2시에 비와 눈이 오락가락했다. 바람결이 아주 찼다. 뱃사람들이
> 추워 얼어붙을까 걱정이 되어 마음을 안정시킬 수가 없구나.

밤늦도록 잠 못 이루며 날씨를 살피고 백성들을 걱정하는 모습을 엿볼 수 있다.

이런 애틋한 마음은 부하들에게는 더했다. 그는 언제나 부하에 대한 사랑이 넘쳤고 가족에 대한 뜨거운 사랑과 헌신이 가득했다.

이순신의 시 가운데 〈죽은 군졸들을 제사하는 글祭死亡軍卒文〉이 있다.

親上事長(친상사장)

윗사람을 따르고 상관을 섬기는 등

爾盡其職(이진기직)

너희들은 그 직책을 다하였건만

投醪吮疽(투료연저)⁵

부하를 위로하고 사랑하는 일에 대해

我乏其德(아핍기덕)

나는 그런 덕이 모자랐노라

招魂同榻(초혼동탑)⁶

그대의 혼들을 한자리에 부르노니

設奠共享(설전공향)

여기에 차린 제물 받으오시라.

　춘추시대 월越나라 왕 구천勾踐이 오吳나라에게 당한 치욕을 설욕하
고자 군사를 일으킬 때 월나라의 백성들이 구천에게 승리의 기원과 함
께 막걸리 한 단지를 바쳤다. 이에 구천이 "대의를 위해서는 장수가 병
졸 및 백성들과 고락苦樂을 함께해야 한다"며 그 막걸리를 혼자 마시지
않고 강물에 부어 모든 부하들과 함께 나누어 마셨다는 데서 나온 말

---

5 투료(投醪)는 막걸리를 (강물에) 붓는다는 것으로 장수가 병사들과 고락(苦樂)을 함께한다는
　것을 의미한다. 연저(吮疽)는 '오기연저(吳起吮疽)'에서 나온 말로, 오기가 종기를 빨았다는
　뜻. 사졸을 위하는 장수의 정성 어린 마음을 비유하는 말이다.

6 榻(탑) : 걸상 탑. 좁고 길게 만든 평상. 한자리라는 뜻으로 쓴 듯하다.

이다. 수하 장졸의 전사에 대해 가슴 아파하며 고사성어를 인용하여 그 혼을 위로하는 제문을 지어 바친 것이다.

"나는 그런 덕이 모자랐노라"라는 솔직한 고백에는 전시라 부하 장졸들을 일일이 챙겨주지 못하는 미안함이 담겨 있다. 군졸들을 거느린 장수로서 안타까운 마음을 전달하고 싶어 하는 이순신의 모습이 드러난다. 이런 모습이 이순신이다.

가족 사랑과 책임감

특히 가족 사랑과 가족을 지키려는 이순신의 책임감은 어머니로부터 배웠을 가능성이 농후하다. 모친 변씨는 남편과 두 아들을 먼저 잃었지만 그 손자들 모두를 하나도 잃지 않고 키우려고 애썼다. 심지어 이순신이 정읍 현감으로 발령 났을 때 모든 식솔을 이끌고 정읍으로 이주했다. 이런 어머니의 애틋한 사랑을 익히 아는 이순신은 당시 남솔濫率죄[7]를 범하더라도 조카 하나도 버리지 않을 각오로 모든 식솔을 데려갔다. 남솔죄는 당시로서는 지탄받는 죄목으로, 관료들에게는 금지해야 할 금법이자 수칙이었으나 그의 넘치는 가족애를 말리지는 못했다.

《선조실록》135권, 선조 34년 3월 21일 1601년
수령이 권속을 남솔한 것에 대해 전교하다

좌부승지 정엽에게 전교하였다.

"대체로 수령이 권속을 거느리고 가는 것은 정해진 법이 있는데도 법 외(法外)에 남솔하는 일을 거리낌 없이 마음대로 하고 있다. 방백은 의당 국법으로 이들을 다스려 통렬히 금해야 하는데도, 저들 마음대로 하도록 맡겨두고 모른 체하여 도 내의 수령들이 남솔하지 않은 자가 없도록 만들었으니 매우 놀랍다. 추고하라."

이런 엄한 징계가 있었음에도 이순신은 자신이 남솔죄로 처벌받더라도 어린 조카들을 길거리에서 헤매게 할 수는 없다고 말했다. 그만큼 그에게는 뜨거운 가족애와 책임감이 있었다. 이런 가족 사랑을 오롯이 변씨로부터 배우고 익혀왔다는 것은 두말할 필요도 없을 것이다.

모친의 기대, 건천동에서 쌓은 인맥과 우정

둘째 요신을 동학에 보내고, 순신을 서당에 보내면서 모친은 한 가지 큰 기대를 가졌을 것 같다. 왜냐하면 동대문 예지동에 유학의 4부 학당 가운데 하나인 동학이 있었기 때문이다.

4부 학당은 한양에 세운 관학 교육기관이다. 성균관에 들어가기 전

---

7 남솔은 부임하는 수령(守令)이 가속(家屬)을 제한 이상으로 데려가는 것을 말한다. 법으로 정해 이를 막도록 했지만 잘 지켜지지 않았다.

학생들이 교육을 받던 곳으로, 지방의 향교에 해당한다. 양인良人 이상 신분의 자제들이 8세에 입학하여 생원生員·진사進士 시험試를 준비하는 교육을 받을 수 있었고, 15세에 《소학小學》과 사서四書를 시험하는 승보시에 합격하면 성균관에 들어가 공부할 수 있었다. 이 때문에 이곳에 입학하는 것은 곧 사대부 명문가들과 접촉하는 지름길이 되곤 했다. 인맥도 쌓고 학맥도 넓히는 절호의 기회였다.

조선의 승보시陞補試는 소과小科의 초시初試에 해당하는 것으로, 동학·남학南學·서학西學 등 사학 유생四學儒生 중에서 15세가 되어 성적이 우수한 자를 시험하여 성균관기재成均館寄齋에 입학시키는 제도인데, 여기에 합격한 자에게는 소과 복시, 즉 생원과生員科·진사과進士科에 응시할 자격이 주어졌다.

승보시는 성균관의 대사성大司成:정3품이 매달 1일과 15일에 사학의 유생들을 부賦 1편, 고시古詩 1편을 시험보게 한 것으로, 연말에 그 점수(분수)를 합산하여 10분分 이상자 10명(후에는 12명)을 뽑아 예조에 보고하여 원에 따라 생원시·진사시의 복시에 응시할 자격을 주거나 또는 성균관기재생으로 입학할 자격을 주었다. 그러니 이 시험을 위해서라도 4부 학당에 들어가 시험을 준비하는 것이 관례였다.

이들이 성균관에 입학하면 하재생下齋生이라 하여 비록 정규 학생은 아니더라도 상재생上齋生과 함께 성균관 유생으로서의 모든 특권을 누릴 수 있었다. 그것은 사학 유생들이 모두 서울의 명문 세도 집안의 자제들이었기 때문이며, 따라서 승보시는 이들 명문가의 자제에게 부여된 특권의 하나였다. 모친 변씨도 둘째 아들을 이렇게 해서 동학에 보낸 것으로 보인다.

맏아들 희신이 동학을 다녔다는 이야기는 기록에 없어, 학문 수행 역량이 부족했거나 말 못할 다른 상황이 있었던 것은 아닌가 생각된다. 그럼에도 희신은 본가를 지키며 부모를 훌륭히 봉양했다.

사학은 조선 초에 고려 오부학당 제도를 따라 개경에 동서남북 사방위와 중앙에 동학·서학·남학·북학北學, 그리고 중학中學을 두었다가, 한양으로 천도한 후에는 태종 11년(1411) 6월에 남부학당, 세종 4년(1422) 12월에 중부학당, 세종 17년(1435) 11월에 서부학당, 세종 20년(1438) 3월에 동부학당의 학사를 마련했다.

《증보문헌비고增補文獻備考》에 의하면 이 사학들의 위치는 중부학당이 북부의 관광방觀光坊에 있었고, 동학은 동부 창선방彰善坊에, 남학은 남부 성명방誠明坊에, 서학은 서부 여경방餘慶坊에 있었다.

이요신이 다닌 동학은 창선방에 있었다. 창선방은 조선 초기부터 있던 한성부 동부 12방 중의 하나로, 현재의 행정구역으로는 원남동·인의동·연지동·효제동·종로5·6가 각 일부에 해당된다. 모두 동대문 근처다.

변씨가 요신을 지리적으로 좀 더 가까운 남학에 보내지 않은 이유는 알려져 있지 않으나, 연산군 때 사학 탄압이 있었던 것과 관련해 남학이 쇠퇴해버린 것과 관련이 있을지도 모를 일이다. 다음 기록이 이를 뒷받침한다.

《중종실록》1권, 중종 1년 12월 4일 1506년 명 정덕正德 1년

예조가 사학 수리를 청하니 윤허하다

예조가 사학四學 수리할 것을 청하니, 윤허하였다. 폐조에 있어서 동학은 금표 안에 들어가고, 중학은 사포서司圃署[8]가 옮겨 우거하였으며, 서학과 남학도 무성한 풀밭인 채였다가, 이에 이르러 소제하고 정돈하니, 유학游學하는 선비들이 점점 모여들었다.

그러나 요신이 성장할 무렵은 반세기가 지난 후라 이 역시 추측에 불과하다.

어쨌든 변씨의 바람대로 요신은 동학에서 류성룡을 만나게 됐고 둘 사이의 우정이 커가면서 동생 순신과도 만나 서로를 잘 알게 되는 계기가 마련되었다. 《난중일기》 임진년(1592) 3월의 기록에는 순신과 서애 두 사람의 우정이 그려져 있다.

> 1592년 3월 5일. 맑았다. 동헌에 나가 공무를 처리했다. 군관 등은 훈련용 화살을 쏘았다. 해 질 무렵 서울에 올라갔던 진무가 돌아왔다. 좌의정(류성룡)이 《증손전수방략增損戰守方略》이라는 책을 보내왔다. 읽어보니, 수전水戰과 육전陸戰, 화공火攻 등에 관한 일을 하나하나 논의했다. 진실로 세상 그 무엇에도 비교할 수 없을 만큼 탁월한 이론이었다.

---

8 조선시대 왕실 소유의 원포와 채소 재배 등을 관장하기 위하여 설치되었던 관서.

모친 변씨의 기대대로 서애 류성룡은 이요신, 이순신을 비롯, 덕수 이씨 가문과 두루 친했던 것으로 보인다. 《서애집》에 보면 "월야유우 인이여옥원정月夜遊友人李汝沃園亭"이라는 글이 보인다. 달밤에 친구 이여 옥과 정자를 거닐며 놀았다는 이야기다. 여기서 나오는 이여옥이 이은 신李殷臣으로, 이순신의 육촌 형이다. 이순신 집안보다 훨씬 잘 살았던 지, 집 안에 큰 연못이 있었고 그곳을 거닐며 놀았다는 기록이 나온다.

《난중일기》에는 여옥 형의 부음을 받고 비통함을 참지 못했다는 이 야기가 나오는데, 이은신은 임진왜란 직전인 1591년에 전의감 직장으 로 일했고 나중에 선조 원종공신에 들었다.

박종평 작가도 이순신과 류성룡이 초계 변씨의 처음 바람대로 각별 한 만남을 이어온 것으로 보고 있다.

이순신과 류성룡이 처음 만난 시기는 확실치 않다. 이순신 가족이 언 제까지 서울에 살았는지 불분명하기 때문이다. 그러나 류성룡과 관 련된 기록을 살펴보면, 류성룡이 13세 때 서울 동학東學을 다닌 이후 18세에 할아버지의 상을 치를 때까지 주로 서울에 거주했던 것으로 보아 그 시기에 이순신과 만난 듯하다. 이순신 기준으로는 10세부터 15세까지다. 그들은 지금의 남산에서 충무로 일대에 살며 만난 듯하 다. 그래서인지 《홍길동전》을 쓴 허균은 자신의 친가가 있던 건천동 (현재 서울 중구 인현동 일대)의 인물로 "류성룡, 허봉(허균의 형), 이순신, 원균"을 꼽았다. 미암 유희춘의 《미암일기》에도 유희춘, 퇴계 이황, 허엽(허균의 아버지)이 건천동에 산 기록이 나온다. (중략) 이순신은 건

《미암일기(眉巖日記)》
조선 선조 원년부터 10년 동안에 걸쳐
서 미암 유희춘이 쓴 일기.

천동, 류성룡은 정확히는 묵사동(지금의 묵정동)에 살았다.

허균 시대에는 묵사동도 크게는 건천동에 포함된 듯하다. 이순신과
류성룡의 인맥관계도 아주 밀접하다. 류성룡은 이순신의 작은형 이
요신과 친구였고, 이순신의 6촌 형인 이여옥과도 친한 관계였다. 이
순신의 사위인 홍비의 아버지, 홍가신(1541~1615)도 류성룡과 함께
관악산에서 과거공부를 했었다.

박 작가는 "《선조실록》에는 류성룡이 자신과 이순신의 관계, 어린
이순신의 모습에 대해 이야기하는 장면이 나온다. 류성룡은 선조에게
이순신에 대해 '한동네 사람이라 어릴 때부터 알고 있는데, 직무를 잘

수행할 수 있는 사람이라고 생각했습니다. 대장大將이 되기를 꿈꾸었습니다'라고 했다. 류성룡은 청소년 시절에 만난 이순신의 성격과 능력을 잘 알고 있었기에 정읍현감, 전라좌수사에 적극 천거할 수 있었다"라고 설명하고 있다.

서애에게는 이순신의 탁월한 역량을 바라볼 수 있는 눈이 있었고 순신에게는 그의 기대를 충족케 하고도 남을 재능이 있었던 것이리라. 그리고 모친 변씨가 꿈꾸고 그려온 자식의 앞날이 바로 이러한 것이었다.

5대조 대제학 이변의 후광

여기서 주목할 것은 서울 사람 이순신을 왜 아산 사람으로 부르는가이다. 지금도 아산에 가면 충무공에게서 아산의 정신을 찾는다. 현충사가 있는 덕분이다.

이순신의 덕수 이씨 가문을 살펴보면 그는 분명 서울 사람이다. 조상 대대로 서울에서 살았던 것이다. 그런데 덕수 이씨는 황해도 개풍이 본관이다. '덕수'는 개풍의 옛 지명이니 고려시대에는 개풍 사람이었던 셈이다.

이 가문은 고려조에서 신호위중랑장을 지낸 시조 이돈수를 모시고 가문의 위세를 펼쳐왔다. 이후 조선이 개국하고 한양으로 수도를 옮겨오면서 덕수 이씨 집안도 자연스레 서울로 이거해 온 것으로 보인다.

이후 덕수 이씨는 중종 대에서 영조 대에 이르는 약 300년간 명문

이순신 친필비 현충사 앞에 위치. 필사즉생 필생즉사(必死則生 必生則死)라고 씌어 있다.

으로 많은 인재를 배출했으며, 문인계와 무인계의 두 집안으로 갈라진 것이 특색이다.

이 가운데 이순신을 제외하고 덕수 이씨 가문을 크게 일으킨 인물로는 이순신의 5대조인 정정공貞靖公 이변李邊, 1391~1473이 있다. 그는 세조 때 공조판서가 되고 원종공신 2등에 책록되었으며, 1467년 궤장几杖을 하사받았다. 이는 임금이 연로한 신하에게 지팡이를 짚고 의자에 앉아서라도 정사를 돌봐달라는 뜻으로 주는 것이니, 그만큼 영향력이 있었던 것이다. 1472년(성종 3)에는 영중추부사領中樞府事에 이르렀다. 한어漢語에 능통하여 대명 외교에 큰 공을 세웠다는 평가를 받았다.

서울이 덕수 이씨의 근거지가 된 것은 이변 덕분이었다. 그는 1392년 조선이 개국하자 고려의 수도 개성을 떠나 경기 시흥군 금천衿川현 사패지賜牌地에 자리를 잡았다고 전해진다. 사패지란 고려·조선조에 임금이 내려준 논밭을 말한다. 주로 외교와 국방 따위의 분야에서 나라에 큰 공을 세운 왕족이나 벼슬아치에게 내려주었다. 이변은 대명 외교의 공적으로 사패지를 받았고 자연스럽게 이 지역을 중심으로 자손들이 거주하게 되었다. 이변의 묘소도 시흥 금천현 봉천동奉天洞 탑골塔谷로, 지금의 낙성대 옆 봉천동 덕수공원 안에 있다. 금천은 '비단 같은 시내가 흐르는 마을'이라는 의미이고, 봉천奉天이란 '하늘을 떠받드는 동네'라는 의미이다.

서울 봉천동이 시흥이었다는 사실이 의아한 분들도 계실 것이다. 그러나 예전의 시흥은 지금의 안산, 부천, 광명의 일부 지역을 모두 포함하는 넓은 지역이었다. 이곳에 이변의 아들 이효조李孝祖, 손자 이거의

이순신의 5대조 대제학 이변 묘소
한어에 능통했던 이변은 대명 외교에 공을 세워 서울에서 덕수 이씨 가문을 남부럽지 않게 키워냈다. (서울 봉천동 덕수공원 내 위치)

묘소도 있다.

이변은 강직한 인물이었고 성품이 부드러우며 언행이 바른 인물이었다. 바르게 평생을 살았고, 성품이 매우 곧아 이조참의가 되었을 때 부정한 진급에 대해 "참의도 당상관이니 사람을 잘못 쓰면 어찌 홀로 죄를 면할 수 있겠는가"라고 직언하였으며 의논議論 때도 회피하거나 주저함이 없었다.

40년을 공직에 있으면서 쓸쓸한 한사寒士처럼 지냈으며 어떠한 논의를 펼칠 때도 직언으로 권세에 굴복하지 않았다. 신도비에서는 그에 대해 "정의를 위해서는 어떤 것도 두려워하지 않았으며 평생을 국가와 민생을 위하여 노심초사하고 분골쇄신했다"고 적었다.

이순신도 이와 흡사한 면이 보이는데, 5대조 이변을 닮은 면도 있음을 부인하기 어렵다.

이변의 장남은 효조孝祖이고 차남은 효종이다. 효조는 통례원 참의參議였다. 참의는 조선시대 육조六曹에 소속된 정3품 당상관직이니 고급 관료직이었다. 이·호·예·병·형·공조에 각 1인씩 총 6인이 있으며 지금의 차관보에 해당한다. 그러나 단순한 보좌관이 아니라 각 조의 3당상三堂上 중 1인으로서 판서와 거의 대등한 발언권을 행사하였다고 기록되어 있다.

호랑이 장령 증조부 이거의 명성

효조의 아들이 바로 이거로, 이순신의 증조부이다. 덕수 이씨 집안에 그와 같은 인물은 또 없을 것이다. 이거는 1480년(성종 11) 식년문과에 을과로 급제하여 설경說經·홍문관박사·사경司經을 역임했고, 1484년 암행어사로 나가 과천에서 현감 최급崔伋을 오리汚吏로 잡아 올렸으며 사간원정언, 이조정랑, 장령을 거치며 호랑이 장령이라고 불렸다. 사헌부의 정4품 관직이니 산천이 떠는 위세가 있었다.

성격이 강직하여 언관으로 있으면서 부정한 관리에 대해서는 관직의 고하를 가리지 않고 탄핵하였다. 이순신의 청렴하고 강직한 품성이

이순신의 증조부 이거 묘소 정언 장령 등을 지낸 이거는 암행어사 시절부터 강직하고 청렴해 후일 호랑이 장령이라는 별명이 붙을 정도였다. (서울 봉천동 덕수공원 내)

이변과 이거로부터 왔다는 해석이 가능한 부분이다.

이렇게 승승장구하던 덕수 이씨 가문에 문제가 생긴다. 바로 순신의 할아버지 이백록 때였다.

사실 이순신 가문에 큰 변화를 가져온 인물은 이백록이었다. 시중에는 이백록에 대하여 잘못 알려진 사실들이 있는데, 중종 대에 조광조와 함께 기묘사화에 연루되어 죽었다는 오해가 두루 퍼져 있고, 또 다른 오해도 포함된 루머들이 인터넷 곳곳에 소개되고 있다. 잘못 알려진 사실은 크게 두 가지다.

위키백과는 이백록이 이거의 아들이자 임진왜란의 영웅 이순신의 조부라고 소개하면서, 그가 무뢰배들과 어울려 탄핵을 받았다고 설명한다. 이는 다음의 기록 때문인 것으로 보인다.

《중종실록》93권, 중종 35년 6월 27일 1540년 명 가정嘉靖 19년
간원이 아뢰니 이현당의 체직과 한자 등의 추문을 명하다

(전략) 평시서봉사 이백록은 성품이 본디 광패하여 날마다 무뢰배들과 어울려 거리낌 없이 멋대로 술을 마시는가 하면 외람된 짓으로 폐단을 일으킨 일이 많으니, 파직시키소서.

그러나 중종 때 이에 앞선 실록을 보면 그의 흔적이 조금 다르게 나타난다.

《중종실록》77권, 중종 29년 8월 18일 1534년 명 가정 13년
생원 이백록 등이 문묘 제향 대사례 후 궐정에서 공궤하신 것을 전을 올려 감사하다

성균관 생원 이백록 등이, 상께서 친히 문묘에 제향한 다음 대사례를 행하고, 쌀 2백 석을 하사하고 또 궐정에서 특별히 술과 음악을 하사하신 데 대해 전箋을 올려 감사하였다. 그 대략은 다음과 같다.

"(전략) 유생들을 모아놓고 녹명鹿鳴을 노래하게 하니, 구중 궁궐의 은택을 다시 받았습니다. 신들은 문장의 조그만 기교나 학습하고 입으로만 외는 무리들로 유자儒者란 이름만 도둑질하고 있습니다. 정곡正鵠을 못 맞히면 몸을 돌이켜 생각하는 군자의 덕이 없음이 부끄럽기만 합니다. 성균관에 오시던 날 활 쏘시는 광경을 보게 된 것이 얼마나 행운입니까. 활을 쏘는 데는 힘이 아닌 덕을 주로 하시니, 덕성을 양성하심을 우러러보겠습니다. 선비들이 다 사예射禮를 익히니, 사를 고무시키는 인덕仁德에 모두들 감동하셨습니다. 이것만 해도 저희의 영광인 것을, 하물며 성대히 대접해주기를 어찌 감히 바라겠습니까?"

중종이 성균관 유생들과 활쏘기를 한 것이다. 이에 성균관 생원으로 이백록 등이 인사를 올렸는데, 유생들 대표 중에 이름이 올라 있다는 것만으로도 그가 주목받는 인재였음을 알 수 있다. 물론 그 이후 잘못된 길을 걸었을 가능성은 없지 않으나 실록 사관史官의 기록이 상반된 사실은 분명하다.

을묘사적과 거리가 멀어

또 한 가지는 그가 기묘명현己卯名賢으로 을묘사적己卯事蹟에도 들어 있는 사림파 인물이라는 일방적 추측이다.

조선 중종 때 기묘사화로 화를 입은 사람들을 기묘명현이라 부른다. 기묘사화로 화를 입은 이들 중에서도 조광조를 비롯한 8명은 기묘팔현으로 불린다. 그중 영수인 조광조는 능주로 귀양 가서 사약을 받고 죽었으며, 기준·김식·김정·한충 등은 귀양 갔다가 사형당하거나 자결

하였다. 그런데 기묘명현에 이백록이 끼었다는 것이다.

이 소문이 대세가 되면서 이백록이 기묘사화로 사림세력이 몰락함에 따라 정치적으로 불우하게 되었고 관직의 진출도 막혀 미관말직에 머물렀다는 내용이 대체로 통설처럼 알려지고 인터넷 도처에 이런 글들이 돌아다닌다. 하지만 왜곡이고 착각이다.

김일환의 연구는 "이런 사실은 《이충무공전서李忠武公全書》〈세보世譜〉에도 '입을묘사적入己卯士籍'이라고 기술됨에 따라 사실로 인식되어왔다. 하지만 여기에는 사실관계의 착종錯綜으로 인한 오랜 오해가 있었다"라고 지적하고 있다.[9] 착종이란 이것저것이 뒤섞여 엉클어진 것을 말한다.

또 이 연구는 이백록이 많은 기묘사화 관련 기록에 보통 '진사 이백록 호학검행進士李百祿 好學檢行'이라고 기록되어 나타난다고 지적하고 있다.

필자가 확인해보니 기묘사화에 관련된 인물을 거론하는 《기묘록속집己卯錄續集》[10]은 별과시 천거자 목록을 나열하고 있는데, 그 속에도 이백록의 이름이 들어 있었다. 아래가 그 내용이다.

진사 이백록은 배우기를 좋아하고 검행하였다.

하지만 이백록은 진사시에 합격한 적이 없었고 중종 17년(1522)에

---

9 김일환, 〈이순신의 아산 낙향과 무과 수련과정〉, 《이순신연구논총》 통권 제30호(2018년 가을/겨울), 순천향대학교 이순신연구소, 2018.

10 저자 미상의 기묘사화에 관한 인물 전기와 사화 내용을 실은 책.

식년 생원시에 합격한 사실만 남아 있다. 이 문제가 정리되지 않은 채 혼용되어 여기저기서 자료로 돌아다니는 상황이 계속되고 있는 것이다. 심지어 덕수 이씨 가문 관련 기사에도 심심찮게 등장한다.

인터넷이 광범위하게 소비자들에게 영향을 미치다 보니 출전에 대한 아무런 책임의식도 없이 마구 퍼뜨리는 몇몇 사람들 탓에 온통 가짜 정보들이 난무하고 있는 것이다. 너도나도 퍼올려놓은 글을 또 생각 없이 옮기다 보니 처음 올라간 글이 어떤 것인지, 누가 썼는지도 모른 채 여기저기에 신뢰성 있는 글인 양 돌아다니고 있다. '이순신 정신'이라는 말을 쓰려면 적어도 출전은 명확하게 밝혀놓아야 할 것이라는 생각이 든다.

그러면 왜 이백록은 이렇게 이상한 논란의 중심에 서게 된 것일까.

김일환 교수는 이 부분에 대해 형 이백복李百福의 이름과 비슷해 생긴 기록의 오류라고 보았다.

그의 형 이백복은 실제로 조광조의 사림세력에 의해 현량과賢良科에 피천된 인물이었다. 이백복은 중종 5년(1510) 식년 진사시에서 진사 3등 17위로 합격했다. 필자도 이백복과 이백록을 조사해보니 기록의 오기라는 지적을 이해할 수 있었다.

사료에 따르면 이백복은 조광조와 함께 성균관에 입학해 함께 공부하며 친분을 쌓아 가까워졌다. 나중에 사림세력의 거두로 조광조가 조정의 개혁을 앞세워 사림세력을 등용하기 위해 중종 14년(1519), 학식과 인품을 평가하여 추천으로 관리를 임용하는 현량과를 실시하게 되자, 이백복은 진사 신분으로 피천, 즉 후보로 천거를 받았다.

현량과는 중종 14년(1519)에 조광조 등 기묘사림이 건의하면서 뛰어난 인재를 천거하게 하여 대책對策만으로 뽑은 과거의 하나다. 기존 과거시험이 판에 박힌 듯하고 시험을 통해서는 제대로 된 인재를 찾아내지 못한다고 여겨 시행한 것이지만, 조광조 등 사림의 개혁 실패로 단 한 번만 시행되고 말았다.

추천방식은 서울의 경우 사관四館·중추부中樞府·육조·한성부漢城府·삼사三司 등이, 지방의 경우 관찰자가 유향소와 수령을 경유한 자를 천거하였다. 이렇게 천거된 120명의 성명·나이·자·천거사항 등을 예조가 종합하여 의정부에 보고하고, 이들을 근정전에 모아 왕의 친림親臨하에 대책으로 시험한 결과 김식 등 28인을 선발했다. 하지만 이백복은 피천에서 탈락했고 현량과 28명에 선발되지는 못했다.

그는 후일 음서로 출사하여 중종 28년(1533)에 직장直長, 중종 30년(1535)에는 형조좌랑刑曹佐郎을 역임하였다. 직장은 조선시대 각 관아에 두었던 종7품 관직으로 주로 궁궐 내의 재정·물품 담당인 아문衙門에 배치되어 전곡·비품 등의 출납실무를 담당하는 중하위직이다.

이백복은 후일 품계가 올라 정6품 형조좌랑 함종咸從 현령縣令[11]까지 역임했다. 여기서 이백록과 형 이백복의 이름이 헷갈려 오기되었을 법하다고 짐작할 수 있다.

---

11 함종은 평안남도 강서 지역의 옛 지명. 현령은 동반 종5품 외관직이다.

조부 이백록, 가문에 평지풍파를 불러오다

한편 이순신의 조부이자 이백복의 동생 이백록은 음보로 선교랑 평시서봉사로 재직하던 중, 1544년(중종 39)에 일어난 국상 때 혼인 잔치를 했다는 이유로 탄핵을 받았다. 평시서봉사는 조선시대에 시전과 도량형, 그리고 물가 등에 관한 일을 관장하던 관서로 봉사는 종8품 하위직이다. 형 이백복과는 관직도 시기적으로도 차이가 나는데, 기록상의 착오가 발생한 것으로 보인다.

아무튼 덕수 이씨 가문의 선조들 가운데 이백록이 가장 불운했던 인물인 것은 분명하다. 기묘사화가 아니라 중종의 사망과 이어진 사건 때문이다.

중종은 연산군을 몰아낸 중종반정으로 갑작스럽게 왕위에 올랐다가 단 7일 만에 신수근의 딸이던 왕비 신씨를 쫓아낸다. 훈구대신의 위압을 견뎌내지 못한 탓이다. 이후 세력을 확장한 훈구파를 견제하기 위해 조광조를 비롯한 사림세력을 등용했다가 조광조의 급진적인 개혁안이 반발을 불러오자, 기묘사화를 통해 사림을 제거하면서 39년간 재위한 장수 왕이다.

그런데 그가 죽은 날에 하필 이백록의 아들 이귀李貴의 혼인 잔치가 있었다. 결혼식이 중종의 국상과 겹쳐버린 것이니 불행 중의 불행이라 할 것이다.[12]

국왕의 장례식에 큰 결례를 범한 사실로 이백록이 파직당하면서 녹안[13]에 기록이 남았다. 녹안이란 관리의 범죄 사실을 기록한 장부이며,

여기에 오르면 본인과 후손들까지 관리 임명에 불이익을 당했다. 이 때문에 덕수 이씨 이정 집안의 대대손손 벼슬길이 끊기게 돼 아들 희신, 요신, 순신, 우신의 벼슬길이 막혀버린 것이다. 답답했던 이백록의 아들 이정과 며느리 초계 변씨는 이 징벌이 너무 과하다고 조정에 사면을 요청했다. 그 기록이 지금도 남아 있다.

《명종실록》3권, 명종 1년 4월 6일 1546년 명 가정 25년
의정부의 의득議得[14]을 승정원에 내리면서 시행을 명하다

의득의 내용은 다음과 같다. 윤인경 등이 의논드리기를, "삼가 이정李貞의 진소陳訴를 보니, 그 아비 백록百祿이 중종 대왕의 국휼國恤 때 주육酒肉을 갖추어 베풀고는 아들을 성혼시켰다고 잘못 녹안錄案되었다. 그런데 이는 그때 경상 감사의 계본啓本에는 주육을 갖추어 베풀었다는 말이 없었는데 형조에서 함문緘問할 때 주육설판酒肉設辦이란 네 글자를 첨가하여 아뢰어서 의금부로 옮기고는 곤장을 쳐서 복초服招한 것이라고 합니다. 그 계본을 상고해보건대 주육을 설판하였다

---

12 이 혼인 잔치 사건은 이백록의 아들 이귀가 장가 가는 날에 벌어졌다. 이귀는 이백록의 첫 부인 초계 변씨가 아니라 재령 이씨가 낳은 자식이다. 이정은 맏이였다.

13 녹장리안(錄贓吏案)의 줄임말. 국가의 전곡(錢穀)을 횡령하거나 뇌물을 받은 관리의 범죄 사실을 상세히 기록하여 비치하는 문부(文簿)를 말한다. 일단 녹안에 이름이 오르게 되면 본인은 물론 그 후손까지도 과거시험이나 관직 임명에 제한을 받았다.

14 조선시대에, 임금의 명에 따라 국가의 중요한 일에 대해 의논하고 결정하던 일.

사진1. **이순신의 조부 이백록 묘소** 앞 고기리 지역이 한눈에 들어온다. 이백록은 벼슬을 떠나 고기리에서 여생을 보낸 것으로 추측된다.

사진2. 이백록 묘소 뒤편이 광교산 기슭이다.

는 말은 다만 여부女父인 이준李俊[15]에게만 언급되었고 백록에게는 언급된 바 없는데 필경 이것으로 중한 죄목이 씌워져 녹안까지 되었으니 과연 억울하다 하겠습니다. 성종成宗께서 승하하시던 날 밤 조사朝士로서 그 자녀의 혼례를 치른 자가 죄는 입은 바 있으나 다 녹안까지는 가지 않았었습니다. 위에서 재결裁決하소서."

이 조치로 이백록의 녹안을 최종 해제한 것인지는 다소 불분명하지만 후일 이순신이 무관으로 급제한 것을 볼 때 신원伸寃[16]이 이루어진 것으로 볼 수 있다. 이 작업에 당시 영의정 윤인경이 동원되었다는 것이 김일환 교수의 주장이다.

여기서 주목할 인물이 윤인경이다. 파평 윤씨 가문의 영의정 윤인경은 인종 때 영의정에 올랐고, 중종 사후 명종 즉위에 힘을 실어주었던 인물이다. 그리고 파평은 지금의 파주다. 파평 윤씨와 덕수 이씨의 관련성은 어디에서 비롯된 것일까?

당시 순신의 부친 이정은 벼슬에 나가지도 못하고 있을 때였다.

필자는 덕수 이씨 문중은 개성 출신이고 파평 윤씨 문중은 파평(파주) 출신이라는 점에 주목하게 됐다. 서울로 들어오는 길목에서 개성의 덕수 이씨와 파주의 파평 윤씨가 어떻게든 인적 교류가 있었을 것이라고 추측할 수 있다.

---

15 이준은 이준근의 오기라는 것이 김일환 교수의 지적이다. 이준은 왕실 종친이다.

16 가슴에 맺힌 것을 풀어버린다는 뜻.

게다가 파주는 율곡의 아버지인 덕수 이씨 이원수李元秀의 본가가 있던 곳이다. 율곡 이이는 어머니 신사임당의 본가인 강릉에서 태어나 자라다가 6세 때 본가가 있는 파주 파평의 율곡栗谷으로 왔다. 비록 율곡은 어렸지만 그 윗대 덕수 이씨와 파평 윤씨 윤인경의 인연이 이어질 가능성은 얼마든지 있었던 셈이다.

한편 윤인경 개인의 됨됨이도 짚고 넘어갈 필요가 있다.

《국조인물고國朝人物考》윤인경의 묘지명墓誌銘에 의하면, 윤인경은 "사람의 의표가 의연하고, 평생 나쁜 말을 하지 않았으며, 사람을 대하면서 귀천을 가리지 않고 한결같이 관용하였다. 좋은 일을 대하면 반드시 기뻐하고, 할 수 없는 일은 힘쓰지 않았으니, 국사 처리에 있어 대체大體를 유지하였다"라고 기록되어 있다. 그러니 비록 벼슬은 없어도 영의정 윤인경이 쇠락해가던 양반가 이정과 부인 초계 변씨의 고충을 모른 체하지는 않았을 것으로 보는 것이다. 그가 이백록의 신원 작업에 나섰던 사실만으로도 훗날 이백록의 손자 이순신으로 하여금 국난을 극복하게 한 주요한 공직자라는 사실을 주지할 필요가 있을 것이다.

한편 이후 이백록은 벼슬에 나가지 않고 용인 고기리에 머물다 세상을 떠난 것으로 보인다. 이 역시 추측이다. 그의 묘소가 고기리에 있기 때문에 그리 추측하는 것이다.

필자는 이백록이 왜 조상들이 대대로 내려온 봉천동 기거지를 떠나 용인 땅 고기리에 정착했는지를 알아보려고 애를 쓰다가 고기리 이백록의 묘소를 현장 답사하던 차에 위성사진으로 이순신의 조카 이완李莞

과 후손 이지연의 묘소를 발견하면서 의문을 풀 수 있었다.

이변, 이거 이후 덕수 이씨 가문의 자손이 늘면서 도심에서 분가할 때 이백록은 고기리에 정착한 것으로 생각된다. 용인 수지의 고기리가 덕수 이씨의 제2의 고향이 된 것이었다. 그게 녹안에 처했던 때문인지, 벼슬을 하지 못한 데 대한 답답하고 속상함 때문에 피난한 것이었는지는 자세히 알 길이 없다. 단지 확실한 것은 현재의 수지 고기리 광교산 기슭 아래 이백록 부부가 함께 묻혀 있다는 점이다.

한 가지 주목할 것은 그의 처가 초계 변씨라는 것이다. 묘소에 올라보니 고기리 산중에 이백록의 묘가 있고 묘지석에 정부인貞夫人 초계 변씨가 확실히 있었다.

그런데 묘비를 보니 이백록의 부인(생원 변강의 초계 변씨), 장남 이정의 부인, 차남 이현의 부인을 모두 초계 변씨로 들인 것을 알 수 있었다.

왜 차례로 아버지와 아들 둘이 초계 변씨를 부인으로 맞았는지는 알 길이 없다. 이백록의 부인 초계 변씨의 영향력일 수도 있고, 워낙 알뜰하게 살림을 잘해서 같은 동네에서 같은 가문의 좋은 규수를 추천받았을 수도 있다. 어떻든 최소한 이백록의 부인에 대한 집안의 평가가 좋았을 것이라고 생각하는 데는 무리가 없을 것이다. 평판이 좋지 않은 가문에서 대를 이어가며 초계 변씨 며느리를 들여왔을 리는 만무한 일이다. 당시에는 중매로 양가의 혼인이 맺어졌으니 덕수 이씨 가문과 초계 변씨 가문의 좋은 혼례 전통을 이어간 것으로 볼 수도 있을 것이다.

어쨌든 불운하게도 셋째 아들인 이귀의 혼례를 치르다가 이백록은 탈고신奪告身을 당한 것이었다. 탈고신은 죄를 지은 관원의 직첩을 빼앗는 처분이다. 고신은 임명 사령서로 1등급 오를 때마다 수여하는데, 이 고신을 박탈한다는 것은 관등을 강등시킨다는 뜻이었다.

중종이 서거한 날이 1544년 11월 15일이고, 이정과 변씨 부부가 이백록의 무고를 주장하는 청원을 올린 것은 1546년 4월로 보이며, 영의정 윤인경에게 부탁을 넣어 무죄를 주장한 것은 확실하다. 문맥상으로 보아 임금이 재가한 것으로 추측된다. 물론 더 자세한 기록이 없어 이 또한 정확한 것은 알기 어렵다.

그러니 소설과 그렇게 인기가 많던 TV 드라마, 그리고 여기저기 인터넷상에서 다루어지고 있는 '기묘사화에 연루되어 사약을 받은 이백록'이라는 이야기는 완전히 허구라고 봐도 무방하다.

드라마는 일반 독자가 이해하기 좋게 만들어야 하기 때문에 극적 전개가 필요하겠지만, 역사적 사실을 오독하게 만든다는 단점이 있다. 따라서 작가와 연출자들의 세심한 주의가 필요하다. 특히 많은 이들이 시청하기 때문에 사전에 이 드라마는 허구라는 사실을 계속 밝혀두는 정도의 배려는 있어야 할 듯싶다.

다시 고기리 이야기로 돌아가보자. 이백록의 묘와 손자 이완(이순신의 조카)의 묘가 한 동네 지근거리에 있는 것으로 봐서 이 동네가 이백록 가문의 새로운 근거지가 되었을 것이라는 짐작이 간다.

이 동네에는 대마도 정벌에 공이 컸던 이종무 장군의 묘소도 있다. 그는 삼군도체찰사三軍都體察使로 세종 1년(1419) 전함 227척을 동원, 군사 1만 7천 명을 거느리고 마산포를 출발, 대마도로 진격하여 적선

100여 척을 빼앗는 등 전과를 크게 올리고 개선했다. 1425년에 세상을 떠나 이곳에 묻혔으니 이백록보다 한 세대 앞선 인물이다. 따라서 이 동네로 들어와 살 때 이백록은 이미 이종무 장군을 알았을 것이다. 그러니 대충 흘러흘러 들어와 산 것이 아니라, 고기리는 당대에도 나름 이름이 알려진 명소였을 것이고 명당으로 소문이 난 곳이었을 수도 있다. 뒤편의 광교산도 수도권에선 이름이 알려진 명산이다.

현재까지 남은 묘소를 살펴볼 때 이순신의 큰할아버지 함종현령 이백복과 그 자손들은 경기 성남 판교 광주廣州 낙생면樂生面 도장동道藏洞 일대에, 그리고 이순신의 불운했던 조부 풍암楓巖공 이백록과 그 후손들은 용인 수지 고기리 일대에 살았던 것을 알 수 있다. 이 두 묘소는 그리 멀지 않은 곳에 위치한다.

정치적 소용돌이를 피한 이주

그러면 이씨 가문의 후손들이 시흥 금천에서 경기 광주와 용인 일대로 옮겨온 이유는 무엇일까?

당시 상황을 짐작하기란 쉬운 일이 아니지만 이백복의 경우 낭관으로 올라서자마자 삼사의 탄핵을 받은 적이 있었다. 《중종실록》79권에 보면 "중종 재위 30년 1월 13일 1535년 사간원이 이백복과 이강남을 탄핵하다"는 기사에서 이백복을 탄핵하자 중종이 물러나게 한 것을 볼 수 있다.

《중종실록》은 당시 상황을 이렇게 전한다.

중종 30년 1월 13일 1535년
사간원이 이백복과 이강남을 탄핵하다

간원이 아뢰기를,
"형조좌랑 이백복李百福은 6품이 되자마자 낭관郞官이 되었으므로 뒤
폐단이 작지 않을 것이니, 체직시키소서."
(중략)
하니, 답하였다.
"이백복과 이강남은 다 체직하라."

한편 연산군 시절에 '금표禁標'라는 제도가 시행된 것과 무관하지 않
다는 추측도 있다.

금표란 조선시대 연산군이 사냥 등의 유흥을 위해 도성 외곽 경기도
일원에 민간인 통제구역을 설정하고 그 경계에 세운 통행금지 표지를
말한다.

1504년(연산군 10) 연산군이 파주, 양주, 광주, 시흥, 김포 등 도성 외
곽에 금표를 세우고 '금표 내에 들어온 사람은 법에 의해 처참한다'고
했던 것이다. 이 구역을 금한禁限이라고 하고 동금표, 서금표, 남금표
등 경계마다 금표비禁標碑를 세웠으며 무단통행자는 사형 등 극형에 처
하였다. 그야말로 공포정치를 펼친 것이다.

《연산군일기》에 따르면 "도성 사방에 100리를 한계로 모두 금표를 세워 그 안에 있는 주현과 군읍을 폐지하고 주민을 철거시킨 다음 사냥터로 삼음으로써 기전畿甸 수백 리를 풀밭으로 만들어 금수禽獸를 기르는 마당으로 삼았고, 여기에 들어가는 자는 목을 베었다"라고 한다.

이해 8월에는 전교하기를,

"서쪽 금표를 물려서 세우라. 만약 입표立標가 온당하지 않다고 말하는 자 및 옛 땅을 생각하여 원망하는 말을 하는 자가 있으면 삼족三族을 멸하리라" 하였다. 당초 서쪽 금표는 덕수德水로부터 서울까지 그 거리가 30리였으나, 왕이 좁다 하여 다시 넓히도록 한 것이다. 때가 바야흐로 중추仲秋여서 곡식이 다 익었으나 미처 수확하지 못하였는데, 갑자기 내쫓도록 하니 사람들이 울부짖었다.

이처럼 연산의 폭정이 사대부는 물론 민간의 삶을 송두리째 뒤집고 있었던 때였다. 금표비는 고양·파주·광주·양주·시흥·김포 등 경기도 일원에 세워졌다고 하니 덕수 이씨 이백복, 이백록 형제는 차제에 도성 근처에서 조금 더 먼 곳으로 밀려간 것은 아닐까? 필자의 추측이다. 부친 이거의 묘소는 봉천동에, 그 아들들은 광주로 밀려나온 것이리라. 이 금표는 중종 대에 이르러서야 철폐되었다.

《중종실록》1권, 중종 1년 9월 2일 1506년 명 정덕 1년
폐주의 동서 금표를 폐하다

동서 금표東西禁標를 혁파할 것을 명하였는데, 모두 대신의 말을 좇은 것이다.

여기서 폐주란 연산군이다. 또 동서 금표란 앞에서 언급한 금표와 마찬가지로, 같은 시대에 서울의 서쪽인 사직동社稷洞으로부터 동쪽의 홍인지문興仁之門, 동대문에 이르기까지 그 안의 인가를 모두 철거하고 표標를 세워 인민의 입주를 금지한 것인데, 이때 이를 철폐하도록 한 것이 기록에 남아 있다.

이런 금표로 인해 인가가 사라지고 집채가 통째 무너져 내렸기에 금표가 해제되었어도 곧바로 들어와 살 수는 없었다. 연산군이 쫓겨나고도 한동안 백성들이 들어와 살 수 없었던 이유다. 발붙일 거처가 없으니 들어와 살고 싶어도 당장 집을 지을 형편도 안 되는 상황이었던 것이다.

한편 이순신 장군의 조카이며 맏형 희신의 아들인 강민공 이완의 묘도 인근 용인 수지 고기리 손기마을에 있다. 그는 1592년(선조 25) 이순신의 휘하로 종군하여 1598년(선조 31) 노량해전에서 숙부인 이순신이 전사한 사실을 알리지 않고 아군을 독려하여 대승을 거두기도 한 인물로 유명하다. 이런 점들을 보면 고기리가 이씨 집안의 근거지가 되었던 것은 분명하다.

그런데 아들 대에 이르러 장남 이정은 아버지를 모시지 못할 형편이었는지 서울 도성으로 옮겼다. 바로 건천동이다.

탈출구가 없는 살림
- 녹봉 없는 양반 가문, 모친의 고단한 서울살이

어쨌건 탈고신을 당해 벼슬을 버려야 했던 이백록은 큰아들이자 후일 이순신의 아버지가 되는 이정의 혼인에서 자신의 부인과 같은 성씨인 초계 변씨를 며느리로 맞아들였다. 이정은 병절교위秉節校尉로 벼슬은 하지 않았다고 한다.

병절교위란 조선시대 무산계武散階의 관계명이다. 종6품 하계의 관계명으로 교위계校尉階의 아래쪽 하한下限이다. 문산계의 선무랑宣務郎과 무산계의 병절교위 이상은 조회에 참여할 수 있다 하여 참상관이라 하였다.

종6품 관직으로는 각 도의 병마절도사 밑에 소속된 병마절제도위兵馬節制都尉·감목관監牧官 등이 해당된다. 감목관은 조선시대 지방의 목장에 관한 일을 관장하던 종6품의 외관직으로 무과 출신자에서 임용되었다.

여기에서 '무산계'라는 것에 주목해보자. 무산계란 조선시대 무반에게 각각 지급한 관계官階다. 덕수 이씨 가문 안에서 일단 무산계는 눈에 띄지 않는데, 갑자기 무산계로 넘어간 배경이 궁금하다.

이순신의 할아버지 이백록은 평시서봉사였다. 평시서는 조선시대 동반 경관직 종5품 아문 관서로 시전市廛과 도량형度量衡·물가 등에 관한 일을 관장하였다. 소속 관직은 령令, 주부主簿, 직장直長, 봉사奉事 등이다. 그러니 문반이다.

그런데 왜 갑자기 병절교위, 후에는 창신교위가 되었을까 의문이 생기는데, 속 시원한 해답은 찾기 힘들다.

다음은 《경국대전經國大典》의 자료다. 자료가 많아 몇 가지만 추렸다. 이 직함의 관급을 보자.

정3품 상 절충장군

정4품 상 진위장군

종4품 상 정략장군

정5품 상 과의교위

종5품 상 현신교위

종5품 하 창신교위

정6품 상 돈용교위

종6품 상 여절교위

종6품 하 병절교위

초계 변씨의 남편 이정은 병절교위였다가 후일 창신교위가 된 것이다. 이 또한 연유를 찾지 못했다. 어떻든 이정의 부인이 바로 우리가 주목하는, 무인 변수림의 딸 초계 변씨다.

사실 도성 안으로의 이사도 이정이 주도적으로 한 것인지 아내 초계 변씨가 주도한 것인지는 알기 어렵다. 가부장 시대에 여성이 주도적인 역할을 할 리가 없다면서 이정의 주도적 역할이 있었던 것이 아닌가 말하는 이들도 있다. 물론 그럴 수도 있다. 하지만 조선 초기만 해도 여성들의 가정 내 위치나 발언의 영향력이 결코 작았다고 장담하기 어렵다. 오히려 고려시대부터 여성의 힘이 상대적으로 강했고 '장가를 간다'는 말처럼 갓 결혼한 남편이 아내의 집으로 들어가 살림을 꾸리는 것도 낯설지 않았다. 그러므로 후일 이정 집안이 아산으로 이사하는 과정에 초계 변씨가 직접적으로 나선 것이 아닌가 생각해보는 것은 조금도 이상하지 않다. 아산은 이정에게는 타향이지만 변씨에게는 고향이자 텃밭과 같은 곳이었다. 이 때문에 서울 도성으로 이사 들어가는 것 또한 초계 변씨의 입김이 작용한 것으로 짐작하는 것이 무리수는 아니라고 보는 것이다.

순신의 아버지 이정은 초계 변씨와의 사이에 장남 희신, 차남 요신, 그리고 순신과 우신을 낳았다. 순신을 낳은 곳이 건천동이니 이정과 변씨가 순신을 낳기 전에 건천동으로 이사한 것인지, 결혼하고 나서 건천동에 정착했는지는 알 수가 없다. 그러나 이런 몇 가지 점은 유추해볼 수 있다.

첫째, 이순신의 출생연도는 1545년이다. 1544년에 중종 국상일에 문제의 잔치가 있었고 직첩을 빼앗긴 후 1545년 전후로 조부 이백록이 사망했을 것으로 추측된다.

모친 변씨 꿈에 이백록이 나타나 작명을 지시한 것으로 전해지지만 이것이 사실인지도, 또 이백록이 맞는지도 정확하지는 않다. 다른 기록에는 '순신'으로 작명하라고 꿈에 지시한 이가 증조부 이거라고 전하고 있기 때문이다.[17] 그러니 건천동에 언제 이사하여 들어갔는지는 알

---

17 김일환 교수는 윤휴의 《통제사이충무공유사(統制使李忠武公遺事)》에 현몽의 주체가 '이거'라고 기록하고 있는 것을 지적한다.

이순신 실제 생가터 추정지
서울 중구 충무로 명보아트
홀 옆 골목길 안이다.

기 어렵다. 다만 변씨는 1515년생이고 남편 이정은 1511년생인데, 이 둘의 결혼은 1534년경이었을 것으로 짐작된다. 맏아들 희신이 1535년경 태어났을 것으로 보이기 때문이다. 그렇다면 1534년(희신 출생)에서 1545년(순신 출생) 사이에 건천동으로 왔다는 추론이 얼마든지 가능하다. 별다른 기록이 더 이상 나타나지 않는 한 이정과 변씨가 결혼하면서 도성 안에서 살림을 차린 것으로 보는 것이 일반적일 것이다. 용인 고기리에 근거를 두었던 아버지 이백록의 집안에서 분가한 것이라고 보면 말이다.

무엇보다 시부 이백록의 무죄 청원을 진행하고 자식들 교육을 동학에서 시킬 정도라면 모친 변씨의 교육열이 대단했던 것으로 봐야 한다. 그렇다면 건천동 살림은 생각 이상으로 오래된 것임을 추측할 수 있다.

또 한 가지, 시아버지의 무죄 청원을 준비하면서 도성이 아니라 당시 시골이던 용인에서 준비했을 것으로 보는 것이 타당할까? 영의정 윤인경에게 줄을 대고 만나러 다니는 것이 가능했을까?

1546년 4월경 남편 이정과 함께 시부 이백록의 무죄 청원을 했을 때 이미 이 부부는 서울 살림에 한참 익숙해져 있었을 것 같다는 생각이 든다.

1부 정리편

여기까지 본문을 읽으신 독자분들에게 필자의 생각을 정리해 드리기 위해 본문 요약의 별도 장을 만들어보았다.

◎ 모친 변씨, 지금의 충무로 인현동인 서울 건천동에서 셋째 아들 이순신을 낳다. 1545년 음력 3월 8일. 현재 충무공 이순신 장군의 탄생일은 양력으로 환산해 4월 28일로 정한 것이다. 당시는 이곳이 남산에서 청계천으로 내려가는 생민동 본방교 부근에 있었다. 비가 오면 내川가 흘렀기에 마른내라고 불렀다.

◎ 변씨가 가르친 이순신은 목표를 위해 결심을 변치 않는 올곧은 신념이 있었다. 그는 어떤 위협에도 타협하지 않았으며 바른길을 걸어가려는 정도의 가치관을 지녔다. 충성심과 위민의식으로 백성들을 사랑했다.

◎ 변씨는 둘째 아들 요신을 조선시대 서울 사학四學의 하나인 동학으로 입학시켜 평생 벗인 서애 류성룡을 만나게 했다. 이 두 사람의 우정을 통해 셋째 아들 순신이 류성룡과 알게 되고, 류성룡은 평생토록 이순신의 멘토이자 후원자가 되었다. 또한 류성룡은 이순신의 관직을 지켜준 수호자였다. 류성룡이 파직당해 고향으로 돌아가던 순간 이순신도 노량해전에서 목숨을 잃었으니 조선은 두 개의 별을 잃었다. 이런 관점에서 보자면 모친은 순신의 영원한 길 안내자였다.

◎ 덕수 이씨 가문은 5대조 이변으로부터 명문가 집안으로 장안에 이름을 떨쳐왔다. 그러나 조부 이백록이 중종 사망일인 줄 모르고 아들 혼삿날을 잡아 혼례를 치르는 바람에 집안에 평지풍파가 일어나기 시작했다. 조부는 처벌을 받아 평생 벼슬을 못 하는 탈고신을 당하게 되고 가문이 기울기 시작했다.

◎ 이백록의 아들과 며느리인 이정과 변씨는 이에 조정에 진정을 내고 처벌의 엄격함을 호소, 탈고신에서 풀려났다. 이백록은 모든 미련을 버리고 서울에서 벗어나 지금의 광교산 뒤쪽 수지 고기리에 자리를 잡았고, 거기서 죽음을 맞았다.

◎ 장자이지만 서울살이를 시작한 순신의 아버지 이정은 명목상의 직함은 있었으나 결국 벼슬에 나가지 못했다. 2대째 벼슬에 오르지 못하고 과거에 급제하지 못하자 가문이 기울기 시작했다. 이에 이순신의 모친 변씨는 고단한 서울살이를 정리하기로 마음먹은 것으로 추측된다.

아산으로
이주를 결단하다

가문의 회복을 간절히 바라다

이정의 가문은 무엇 때문에 아산으로 이사를 단행한 것일까? 자식을 성공시키기 위한 모든 조건이 서울에 있는데 지방으로 이사한 이유가 무엇일까? 여기에는 가문의 회복에 대한 어머니 초계 변씨의 강렬한 열망과 자식 경영에 대한 간절함, 그리고 이를 실천하는 과감한 결단력이 있었다고 봐야 할 것이다.

덕수 이씨 가문은 이변과 이거 이후 쇠락의 길을 걸었고, 이백록과 이정의 경우 관직을 받지 못했다. 이정은 창절교위라는 직위에 머물렀지만 벼슬자리에는 나가지 못한 것을 앞에서 언급한 바 있다. 벼슬 없는 서울살이의 고단함은 말할 것도 없을 것이다.

조선의 관료사회에서는 벼슬을 하면 녹봉을 받았다. 물론 벼슬에서 얻는 수입은 생각만큼 많지 않았다.

조선 전기 양반은 대부분 유산 상속으로 부를 유지했다. 현시점에서 중세 사회 양반가의 삶을 이해하기란 쉬운 일이 아니다. 특히 경제적 기반과 처세를 지금의 자본주의적 시각으로 이해하기란 더욱 어려운 일이다. 하지만 기록을 남겨둔 고마운 분들이 있어 어느 정도 삶의 언저리는 추측할 수 있다. 대표적인 인물이 미암 유희춘1513~1577이다. 그는 이정과 초계 변씨와 거의 동시대에 살았던 인물이고, 대학자이며 관료가의 중심에 들어가 있었던 인물이라서 그의 삶을 보면 양반의 삶을 이해하는 데 도움이 된다.

특히 유희춘이 55세가 되던 1567년부터 11년간 남긴 《미암일기眉巖日記》는 미암보다 더 유명하며, 전란으로 《승정원일기》가 불타 없어져 버리는 바람에 이 일기가 국가사료적 기록물로 인정받고 있다.

더구나 미암은 인종과 선조의 어린 시절 공부를 가르쳤던 인물이고, 이순신의 육해전 멘토였던 정걸 장군의 같은 계원이기도 했다. 따라서 그의 기록물은 일기 이상의 가치를 지니고 있다.

역사 교사 표학렬이 분석한 자료에 따르면 선조 때 1568년부터 1575년까지 8년 동안 관직생활을 한 유희춘은 총 17번 녹을 받았다고 한다. 그중 정액定額을 받은 것은 6번이고, 11번은 재정 곤란을 이유로 적게 지급받았다. 이 시기 받은 녹봉을 쌀로 환산하면 대략 백미 51섬에서 81섬 사이였다. 그에 비해 1568년 그가 자신의 각종 수입원에서 얻은 수입은 약 300여 섬이었다. 이는 쌀 600가마 정도인데, 그나마 고위직이었으니 그만큼이나 된 것이다.

그러나 벼슬에 나가지도 않았던 이정 가문으로서는 18과로 등급으

창경궁 품계석 문무백관의 품계를 가리킨다. 임금이 신하를 바라볼 때 우측(서쪽)은 무관을, 좌측(동쪽)은 문관을 배치했다.

로 나누어 광흥창에서 지급받던 녹봉이 조부와 부친 대에는 하나도 나오지 않는데, 아들 넷과 딸 하나를 키우며 서울살이를 강행하는 데 문제가 있었을 법하다.

물론 유산으로 받아 토지에서 거둬들이는 것에 비하면 녹봉 수입이 적긴 하다. 그런데도 이 녹봉 수입이 2대에 걸쳐서 한 번도 없었다는 것이니, 이정과 변씨의 살림이 점차 어려워지고 있었을 것으로 추측해도 무리는 없을 듯하다.

가장 낮은 관직인 제18과 종9품은 1년에 쌀 14석, 베 4필을 받는 것이 국가 녹봉의 기본 지급이었고 1석은 대개 섬과 같은 뜻으로 쓰였으니 연간 쌀 28가마 정도를 받는다. 그런데 그마저도 없었으니 살림이 점점 어려워졌을 것은 분명한 일이다.

물론 물려받은 토지에 대해서도 고려해봐야 한다. 5대조 이변으로 부터 사패지로 이어져 내려온 유산은 자손들이 갈리면서 모두 재분배 되었을 것이 분명하다. 게다가 이백록 조부의 사고(?)로 인해 가문에서 비난과 적대감이 없지 않았을 터이니 유산 상속은 그리 기대할 것이 없었을 것이다. 또한 용인 고기리로 이전해 오면서 상당 부분 사라졌을 것으로 보는 게 타당성이 있다. 물론 추측이다.

또한 이정, 이현, 이귀로 이어지는 삼형제 간의 재산 분배에다 맏이 이면서 친가를 관리하지 않고 서울로 분가한 데 따른 불이익도 고려해 봐야 한다. 이런저런 이유를 살펴보면 이정이 가질 유산은 별로 없었을 것이고, 녹봉은 아예 없으니 앞으로 살아갈 길이 막막했을 것이다. 그러므로 자식들이 과거에 급제하지 않는 한 살림을 회복할 묘책도 없어 보였을 것이다.

초계 변씨는 이 문제를 친정에서 해결할 참이었다. 아버지 변수림의 윗대로부터 내려온 가산과 관료 집안의 전통이 그녀에게는 비빌 언덕이었다. 반대로 이정에게 아산은 낯선 땅이자 이방인 취급을 받기 십상인 곳이었을 게다. 하지만 지금 시대의 생각으로 그 문제를 해석할 일은 아니라는 생각이 든다.

앞에서 언급했듯이 당시 조선 중기 이전에는 사위에게 재산 증여를 하거나 제사를 이어받게 하거나 결혼을 하고 처가에 가서 사는 것이 낯선 풍경은 아니었던 듯하다. 한 세대 뒤인 이순신조차도 방진 가문에 가서 몸을 기탁했고 처가살이를 했으며 나중에 장인 장모의 제사까지 모신 것이 그 예이다.

사실 처가살이는 우리나라 전통 살림 방식 가운데 중요한 하나였고 학자들은 1500년 이상 계속되어온 풍습이었다고 전한다. 조선 후기 들어 가부장 제도와 집성촌 풍습이 확장되면서 지금처럼 바뀌었다는 것이다.

그런 면에서 초계 변씨가 남편을 이끌고 서울살이를 정리한 후 아산 친정으로 돌아온 결정은 대단히 현명한 처사였다고 분석할 수 있다. 결과적으로도 그 결정을 통해 아산으로 이사했고 삼남 이순신을 무과 급제시켰으며 국난 극복의 종결자라는 칭송을 듣게 한 것이니, 후대인 들로부터도 박수 받아 마땅한 일이었다.

양반가에 떠도는 소문을 지워버리자

그런데 이 이사 과정에서 짚어봐야 할 또 다른 문제도 있었다. 이는 초계 변씨가 가장 주목하고 한편으로는 두려워하는 부분이었다.

장안에서 덕수 이씨 이변 가문은 상당한 사대부 양반가로 이름 나 있었는데 시아버지 이백록 이후 한순간에 나락으로 떨어져 파락호破落 戶 같은 분위기가 되어버렸고 여기저기 안 좋은 소문이 났을 것이 뻔한 일이었다. 이렇게 되면 자녀들의 혼삿길부터 문제가 될 것이었다.

실제로 조선시대 양반가의 소문이 음서 추천이나 관직 천거에 크게 작용한 것이 한두 번이 아니었으니, 초계 변씨로서는 조선의 양반가에서 입신출세하려면 구설수에 오르지 않도록 막아야 했다. 이를 위해서는 이백록 사건의 파장을 하루빨리 지우는 길이 최선책이었고, 따라서 아산행을 택하지 않을 수 없게 된 것이리라.

소문을 뭐 그리 염려할 것인가 하고 반문할 분들을 위해 당시 인구 상황을 찾아 제시해보겠다.

조선시대 이변 이하 덕수 이씨가 세거하던 지역, 금천현은 현내면·동면·서면·남면·상북면·하북면으로 이루어져 있었는데 이변, 이거 등 덕수 이씨가 살던 곳은 봉천리로, 금천현 동면에 속해 있었다.

금천현의 인구는 조선 초기 《세종실록지리지》에 따르면 327호 937명에 불과했다고 한다. 안양천 서쪽의 양천현은 더 적어서 222호 509명 수준에 불과했다. 하기야 서울 인구가 임진왜란이 일어나던 해 초에 겨우 10만여 명에 불과했기 때문에[1] 금천의 봉천리와 같이 너무도 좁은 지역의 인구와 사림의 동향은 손바닥 안에 있듯 뻔한 일이었고, 소문도 금방 날 수밖에 없었을 것이다. 이정의 가솔이 살고 있던 건천동 역시 청계천에서 남산으로 34채가 나란히 살고 있는 작은 동네였으니 소문이 무서울 수밖에 없었을 것 같다.

변씨의 또 다른 고민은 자식들이 서울살이의 속됨을 보고 배워 속물로 성장할까 두려운 것이었다. 세태가 갈수록 이상해지고 있었다. 중종 말기, 단명한 인종시대 일 년, 그리고 혼란이 극에 달한 명종조에 이르기까지 양반 사회는 침몰 직전이었다.

---

1 최완기, 《한양, 그곳에 살고 싶다》, 교학사, 1997, 348쪽.

당시 명종 시대 양반가에는 양반의 위엄과 체면이 사라지고 매관매직에 세속적인 사회상이 두드러지고 있었다. 당시 서엄徐崦이라는 명망 있는 선비가 선비 사회를 신랄하게 비판한 기록이 나타난다.

그는 1555년(명종 10) 진사가 되고 1560년 별시 문과에 병과로 급제, 예조상훈禮曹常訓에 오른 뒤 함경도도사를 거쳐 사예司藝에 이르렀다. 사예는 건국 초기 악정이라는 명칭으로 설치되었다가 개칭되었는데 육예六藝, 즉 예절, 음악, 궁술, 승마술, 글 쓰는 법, 수학數學 중 음악 교육을 담당했던 것으로 보인다. 사예는 이후 1430년(세종 12) 3월 종학宗學을 설치하면서 성균관 관원으로 박사를 겸해 종학의 교육을 담당하기도 한 직위다. (《세종실록》 12년 3월 6일).

그는 어려서부터 학문에 힘써 박학하고 문장에 능하였으며, 특히 수많은 상소문을 써 시폐時弊, 당시의 폐단를 고칠 것을 주장하였고, 또한 아첨하는 신하를 처단하라고 청한 강직한 선비였다. 그가 올린 수만 글자의 상소는 당시 시대상을 힐난하는 추상 같은 고발장이나 마찬가지였다. 중요한 부분만 추려 소개해본다.

> 의복의 사치로 말하면 재상의 의복은 임금보다 더 좋고 노복의 옷은
> 선비보다 사치스러우며, 서얼이 채단옷을 입는가 하면 상인이 비단
> 옷을 입으며, 양반들은 초피貂皮[2]로 만든 이엄耳掩이 아니면 쓰지 않

---

2 동물의 모피를 통틀어 이르는 말. 일반적으로 고급 모피로 인정받고 있으며 품질에 따라 검은담비의 모피인 '잘'을 상등으로 쳤다.

고, 9품의 관원은 종립騣笠[3]이 아니면 쓰고 다니지 않습니다. 음식의 사치로 말하면 한 끼의 밥에 반드시 몇 가지 좋은 찬을 곁들이고, 한 상을 차리는 데 아홉 접시의 음식을 진설하며, 상제喪祭나 혼인婚姻에는 반드시 유밀과油蜜果를 쓰고 있습니다. 궁실의 사치로 말하면 재상의 제택이 궁궐보다 웅장하고 장사치의 집이 벼슬아치의 집보다 더 크며, 유생으로서 과거에 마음을 둔 자는 우선 새집을 지을 계획을 하며 문사로서 반품班品에 오른 자는 우선 큰 집을 짓습니다.

일반 백성은 물론 양반가에 이렇게 사치가 판을 치는 상황인데 덕수 이씨 이정 가문은 낄 수도 안 낄 수도 없는 진퇴양난의 형국에 처한 것이었다.

앞뒤 시대적 상황과 이모저모를 따져보던 변씨에게는 유일한 탈출구가 아산 친가로 여겨졌을 것이다. 아산 백암리는 그녀에게 친정이면서, 증조부로부터 부친에게 이르기까지 직접 가르침을 받아온 삶의 근거지요 기반이었기 때문이다.

덕수 이씨 못지않은 변씨 가문 이야기

여기서 주목할 것은 덕수 이씨 관련 이순신의 윗대들의 묘지명이

---

3 주로 기병이 쓰던 모자. 갓보다 약간 높고 위의 통형(筒形) 옆에 깃털을 붙였다.

나 여러 기록에 모두 초계 변씨를 무인 변수림卞守琳의 딸이라고 기록하고 있는 것이다. 거의 모든 공적·사적 기록에서 변수림의 딸로만 소개되지, 이름도 나오지 않고 그 윗대의 기록조차도 별로 눈에 띄지 않는다.

이순신 장군을 볼 때, 그리고 《난중일기》에 부분부분 그려진 초계 변씨의 모습이나 언행으로 그 행적을 대충 그려볼 수는 있지만, 변씨 가문의 행적은 생각보다 찾기가 어려웠다. 필자는 꾸준히 초계 변씨 관련 사료 추적을 해왔는데, 관련 자료들을 하나 둘 찾아내면서 숨은 그림이 어느 정도 그려지기 시작했다.

앞에서 살펴본 대로 덕수 이씨 가문은 대단한 가세를 이뤄왔다는 것을 알 수 있다. 비록 이백록, 이정에 이르러 잠시 쇠락한 것이 사실이지만 뼈대 있는 선비 가문임은 분명한 사실이다. 이에 비해 순신의 모친 쪽으로는 초계 변씨의 아버지가 무인 출신이라는 것만 알려져 있고 그 윗대에 대한 정보가 빈약하니, 덕수 이씨 가문이 빈한한 가문에서 변씨 딸을 데려온 것으로 착각하는 이들조차 있다.

그러나 필자는 초계 변씨의 담대함과 과감한 성격, 민첩한 판단력과 냉철함 등이 우연히 당대에 생겨난 것이라고는 보지 않았다. 분명 가문에서 흘러내려온 힘이 내재되어 있을 것이라는 막연한 추측을 하며 변씨 가문을 지속적으로 추적했다. 그랬더니 예전 아산 관련 기록들에서 변씨 관련 정보를 찾아낼 수 있었다.

아산 이주에 대한 시기 특정

한편 사가의 기록이나 일반 통설로는 이순신의 부모가 아산으로 이사한 시기를 이순신이 8~10세 정도일 무렵으로 추정하는 듯하다. 그러나 서울 건천동에서 류성룡과 교류했다는 기록을 볼 때 이는 너무 빠른 시기라고 생각된다. 류성룡과 둘째 형 이요신은 동갑이고 이순신과 세 살 차이다. 아무리 조선시대라지만 류성룡이 여덟 살 무렵의 이순신을 보고 극도로 칭찬하고 됨됨이를 평가하기는 좀 어려운 일이 아닐까?

류성룡은 아산 출신 홍가신과 이순신의 형 이요신과 함께 서울 사학四學 중 하나인 동학에서 수학하였다. 이때가 그의 나이 13세인 1554년이라고 생각된다. 또 류성룡이 1564년에 진사시에 합격한 뒤 성균관에 수학하였고 1566년 25세가 되는 명종 21년에 문과에 급제한 사실을 볼 때 이요신, 이순신, 홍가신과 만난 것은 분명 동학 재학 중의 일이다.

옆쪽에 정리한 서애의 청소년기 연보를 보면 서애는 두 번의 서울살이를 한다. 이 중 이요신과 만난 때는 대략 서애가 13세 때부터였던 초기 시절이었던 것으로 보인다. 또 이순신과 건천동에서 한동네에 산 것은 동학에 재학 중일 때라야 한다. 이 때문에 이정과 초계 변씨의 아산 이주도 최소한 1554년 이후로 보는 것이 타당하다. 따라서 이순신의 아산 이주도 10세 이후라는 것이 설득력이 있어 보인다.

그럼 아산 백암리의 어느 마을에 언제 정착했을까? 시기는 앞에서

1554년 (명종 9) 13세	**동학에서《중용中庸》과《대학大學》을 강독講讀.**
1555년 (명종 10) 14세	향시鄕試 합격.
1558년 (명종 13) 17세	부인 전주 이씨李氏와 결혼.
1560년 (명종 15) 19세	**10월 관악산 암자에 들어가 《맹자孟子》 공부.**
1561년 (명종 16) 20세	고향 하회에 돌아와《춘추春秋》를 읽다.
1562년 (명종 17) 21세	9월 도산陶山으로 퇴계 선생을 찾아뵙고 수개월간 머무르면서《근사록近思錄》등을 전수받음.
1563년 (명종 18) 22세	가을에 진사 생원 동당초시東堂初試에 합격.
1564년 (명종 19) 23세	7월 생원회시生員會試에 1등, 진사에 3등으로 합격.
1565년 (명종 20) 24세	**태학太學, 성균관에 들어가 수학.**

살핀 대로 이순신이 10세 이후인 어느 때일 것이 분명하고, 이주 장소는 추측에 불과하지만 초계 변씨의 집성촌 근처였을 가능성이 높다.

김일환 교수는 이정이 처가의 경제적 기반에 의지해야 했기 때문에 초계 변씨의 근거지에 자리 잡은 것은 분명하다고 보았다. 필자도 동의한다.

당시 처가인 초계 변씨의 집성촌은 시궁골인 시곡리柴谷里였다는데 이미 변씨 씨족들은 아산에 정착한 지 오래였다.

변씨 선조들의 아산 이주, 사림 사회를 등에 업다

변씨의 시조는 변정실卞庭實이다.

필자는 아산에서 변씨 집성촌과 변씨 정보를 제대로 찾아내지 못하면서 눈길을 초계 지역으로 돌려보았다. 합천 율곡에 여전히 변씨 집성촌이 몇몇 있었고, 시조를 모신 웅대한 시조묘와 재실을 찾아볼 수 있었다. 초계 변씨 가문의 후손들은 시조를 정성껏 모시면서 후대의 발흥을 기원하고 있었다.

필자가 만난 변씨 후손들 중 촌로 변종대 씨는 합천 율곡면에서 필자를 반갑게 맞아주었다.

"초계 변문의 자손들이 타 성씨 집안들처럼 대거 후손을 퍼뜨린 것은 아니지만 5만 명이 넘고, 시제 때는 전국 종파에서 모여 정성껏 예를 올립니다. 우리 변문의 따님이 구국의 영웅 이순신 장군을 낳고 훌륭히 키웠다는 것은 우리 가문의 자랑이고 긍지로 남아 있습니다."

그 말대로 변정실의 묘는 땅도 좋고 물도 가까운 전형적인 배산임수

초계 변씨 시조 변정실 묘 변정실은 고려 성종 때 문과에 급제하여 문하시중으로 팔계군에 봉해졌고 시호는 문열이다. 경남 합천군 율곡면 갑산5길에 있다. 매년 초계 변씨 후손들이 모여 시제를 지낸다.

지형에 있었다. 묘소 저만치 앞을 지나가는 황강黃江은 경상남도 동남부를 흘러나가는데 가야산, 수도산 남부에서 시작하여 합천 서쪽에서 낙동강에 합류한다. 이를 굽어보며 변씨 가문의 안위를 지켜주는 것이리라.

변정실은 고려 성종 때 문과에 급제하고 문하시중門下侍中으로 팔계군八溪君에 봉해져 후손들이 시조로 모시기 시작했다. 본관을 초계로 하여 세계世系를 이어오면서, 시조 정실의 아들 광光: 장파, 요耀: 중파, 휘輝: 계파 3형제를 기점으로 크게 세 갈래로 나누어졌다.

변씨 족보에 따르면 그후 시조의 둘째 아들인 요의 손자 고적高迪이 밀양密陽에 처음 살면서 밀양 변씨로 분적되었고, 후대로 내려오면서 세거지명世居地名에 따라 초계, 밀양 외에도 원주原州, 팔계八溪, 진주晉州, 청주清州 등 44개 파로 분관分貫되었으나 모두가 동조동근同祖同根으로 불린다고 들었다.

일찍이 영남 내륙과 호남지방에 뿌리를 내리고 도덕과 학문의 집안으로 명성을 떨친 변씨는 시조의 맏아들 광의 후손인 장파長派가 변씨 일문의 6할을 차지하여 영남과 호남지방에 많이 살고, 둘째 아들 요의 후손 중파仲派는 경상도 지방에, 막내 휘의 후손인 계파季派는 합천군을 중심으로 집중세거하며 명문名門의 기틀을 다져왔다. 필자가 만난 후손은 자신들이 '계파'라고 설명해주었다.

필자는 이 중에서 아산으로 은거한 변씨 가문을 추적했는데, 전란을 거쳐서인지 초기 입문조들의 기록은 있는데 후손에 대한 기록은 제대로 찾아내지 못했다.

장파에서는 크게 시중侍中 광의 8세손 변남룡卞南龍이 조선이 개국하자 한성판윤漢城判尹에 제수되었으나 불취하고 직산稷山에 은거隱居한 후 절의節義를 지켰다고 알려져 있다. 이 부분은 실록과 부분적으로 맞고, 부분적으로 차이가 있다.

필자는 이 분파에 주목한다. 이는 변씨 가문의 불운과 회복이 이곳에서 이루어지기 때문이다. 변남룡은 정치적 영향력이 큰 인물이었다.

변남룡의 막내아들 변효량은 조선 초기 직산에서 이곳으로 이주했다고 한다. 이 이주는 정치적 파산을 면하기 위함이었다. 변효량 이주설도 이견이 분분하기는 하다. 실록을 보자.

《태종실록》 태종 1년 2월 9일 1401년 명 건문建文 3년
영안군이 모반을 꾀한다고 무고한 변남룡 부자를 기시棄市하다

검교 한성판윤檢校漢城判尹 변남룡과 그의 아들 변혼卞渾을 저자에서 베[棄市]고, 그 가산家産을 적몰하였다. 변남룡은 하륜河崙의 외친外親이고, 봉유지奉由智는 남룡의 사위이며, 완천군完川君 이숙李淑의 처형妻兄이다.

당시 태종 이방원의 등극에 가장 큰 공을 세운 것은 책사 하륜이었고, 그는 이방원이 끔찍하게 아끼고 존경한 책사였다. 그런데 하륜의 외친임에도 곧바로 중벌에 처하여 부자를 한꺼번에 죽어버리는 잔인한 처사가 일어난 것이다. 한성판윤이면 서울시장이다.

사실 '기시'는 가문으로서는 모욕적인 형벌이다. 사람들이 많이 모인 곳에서 죄인의 목을 베고 그 시체를 길거리에 버리던 형벌이 바로 기시다. 기가 막힌 징계를 당한 것이다.

내용을 보면 더 기가 막힌다. 영안군은 이양우李良祐다. 태종의 집권을 도운 강력한 후원자였지만 모반을 꾀할 인물이 아니라는 점을 잘 알던 이방원은 강력한 군주의 위용을 보이기 위해 모반 가능성을 밀고한 변남룡 부자를 그 자리에서 베어버린 것이다. 아무리 봐도 지나친 처사였던 것이 분명한데, 모반 가능성을 이야기했다고 이렇게 처벌하는 것은 무리가 있어 보인다.

그러나 태종 이방원에게는 그런 모진 면이 있었다. 그로 인해 죽어나간 정승 외척들이 한둘이 아니었다.

왕으로 등극한 태종은 정계와 군부에서 막강한 영향력을 행사하던 민무구閔無咎와 민무질閔無疾, 두 처남을 심하게 경계했다. 민무구와 민무질은 세자였던 양녕대군과도 친했다. 부인 원경왕후도 여장부로 한 성질 하는 여인이었다. 이에 충녕(후일 세종)이 왕위에 오르면 외척의 발호가 이루어질까 염려한 태종은 이들을 가차 없이 유배 보냈고 스스로 목숨을 끊게 했다. 아랫동생 민무휼閔無恤, 민무회閔無悔 형제도 유배 후에 같은 모습으로 죽었다.

태종의 장인 민제閔霽는 자식들이 귀양을 가고 집안이 쇠락해가는 와중에 병으로 사망했고, 어머니 송씨는 아예 아들 넷이 모두 사위의 손에 결딴나는 걸 보고서 세상을 떠났다고 한다. 한 집안을 풍비박산 내버린 것이다.

이런 태종의 극성스러움은 다음 보위 걱정 때문이었다. 외척이 발호하지 않게 하겠다는 의지였다. 그런데 변씨 가문이 그리 큰 잘못을 저지른 것도 아닌데 앞에서 본 것처럼 변남룡 가문 전체가 위기에 처한 것이었다. 하지만 태종은 아들인 5남 변효문卜孝文과 6남 변효경卜孝敬에게는 오히려 기회를 주었고, 이들은 문과에 급제했다.

태종의 이런 양면성은 이미 정도전에게서 드러나는데, 정도전은 처참하게 주살했지만 그의 자식 중 하나인 정진鄭津과 손자 정내鄭來, 정속鄭束에게는 직첩을 하사하며 살길을 주었다. 정진은 후일 형조판서가 되었다.

이처럼 태종의 변덕스러움 덕분에 변씨 집안은 몰살을 면했다. 이후 우윤 종2품의 벼슬을 지냈던 7남 변효량의 후손들이 직산에서 아산으로 다시 이주했다고 한다. 한편 변효경의 신도비는 장흥군 안양면에 있어 그 역시 정치적 피난길을 택한 것이 아닌가 생각된다. 군주가 또

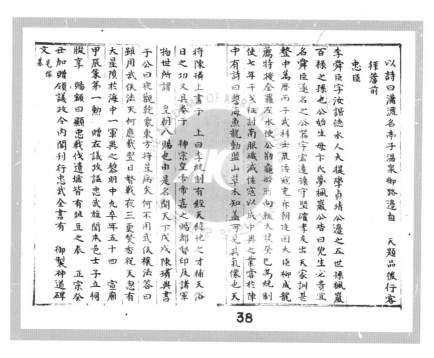

《신정아주지》1855년(철종 6) 이호빈이 편찬한 충청도 아산군 읍지. 한국학중앙연구원 제공.

무슨 변덕을 부려 정치적 후환을 시도할지 두려웠을 것이다.

한편 필자는 아산의 읍향 지리지인 《신정아주지新定牙州誌》에서 변효량의 후손들, 변자호(卞自浩 음서, 현감) → 변홍조(卞弘祖 현감, 자호의 아들, 관은 첨사) → 변수림(卞守琳, 자호의 손자, 음서로 현감) → 변오(卞鰲, 수림의 아들)(忠順衛) → 변존서(卞存緖, 홍조의 증손, 관은 첨정僉正)로 이어지는 초계 변씨의 가계도를 확인할 수 있었다.

이 가운데 변자호는 아산 염치읍 백암리의 입향조이다.

《신정아주지》는 1855년 이호빈李浩彬이 편찬한 충청남도 아산 지역

사진1. **변효량 묘소** 우윤 변효량은 조정의 돌아가는 형세를 살펴 근거지를 지방으로 옮기게 한 변씨 가문의 실질적인 지도자로 추측된다. 아산에서 그의 송덕비가 발견된다.

사진2. **우윤공 종중 묘원**

의 읍지로 19세기 아산 지역의 경역境域, 건물, 관원, 호구 등을 수록했다. 지금도 그 내용이 그대로 전해오는데, 여기에 초계 변씨 집안의 면면들이 소개되고 있어 우리가 그들을 알 수 있는 것이다.

필자가 구한《변씨대동보》역시 이와 유사하지만 관직 등은 좀 다르다. 물론 묘가 위치한 곳까지 상세히 기록하고 있어 사료로서의 가치는 크다고 하겠다.

이《대동보》는 초계 변씨 10세손이 변효량이고 우윤右尹, 한성부 종2품을 지냈으며 묘는 직산에 있다고 명기하고 있다. 그다음 11세손이 변임卞祉으로, 관직은 부사를 지냈고 종3품에 역시 묘는 직산에 있으며 송정산에 있다고 했다. 변효량의 송덕비만 아산에 있다.

다음 12세손이 변기卞紀 판관 정5품, 13세손이 변자호卞自浩이다.

변자호는 혼인 후 장인 이수인李壽仁의 자산을 받아 백암리에 정착하였고 대대로 살았다는 것이《아산지리지》의 기록이다. 그는 현감 종6품을 지냈고 부인은 이수인의 딸로, 이수인은 세조를 세우는 데 혁혁한 공을 세운 인물이며 그 아들이 류성룡의 문하생인 이준李埈이다.

그다음 14세손이 변홍조로 군수로 종4품을 지냈으며 묘는 아산 시곡 남수구동 절 아래 있다고 기록했다.

다음은 초계 변씨의 부친 변수림이다. 15세손 변수림은 장사랑將仕郎을 지냈으며 묘는 아버지와 동일한 곳에 있다고 썼다. 표석도 있다고 기록돼 있다. 부인은 진보 조씨이다. 그리고 슬하에 두 남매를 두었는데 아들은 변오卞鰲이다. '자라 오' 자를 쓴 이 사람이 초계 변씨의 오라비인지 동생인지는 정확하지 않다. 변오 역시 장사랑의 하급직을 지냈

사진1. **변홍조 변수림 묘비석** 조부 변홍조는 군수, 부친 변수림은 장사랑에 머물렀다. 《신정아주지》는 변수림이 현감을 지낸 것으로 기록했다.

사진2. **변존서 묘비** 훈련검정을 지냈고 이순신 장군 막하에서 싸웠다. 모친 변씨의 조카로 이순신보다 16년 어리다.

다. 묘 역시 부친 변수림과 같은 곳이다. 그리고 드디어 초계 변씨가 등장한다.

《대동보》에는 덕수인 이정과 결혼했다고 적혀 있고, 다음과 같이 기록되어 있다.

증 좌의정 덕풍군 부친 이백록, 아들 이희신, 이요신, 이순신 통제사

증 영의정, 시호 충무공 임난 전몰, 이우신, 딸 변기(卞騏)

그러고 보면 이순신의 모친 초계 변씨는 가문의 상당한 후원을 힘입고 성장했으며 할아버지 대까지 군수 이상을 지낸 관료 집안이었음을 알 수 있겠다.

문제는 부친 변수림의 관직이다. 장사랑은 조선시대 종9품 동반東班 문관에게 주던 품계品階다. 아버지가 문신으로 출발했다는 이야기다. 실제로 백사 이항복李恒福도 변수림을 장사랑이라고 표기했다. 〈고故 통제사統制使 이공李公의 유사〉에서 다룬 적이 있었다. 그렇게 보면 초계 변씨의 부친 변수림의 관직은 하급 9품 장사랑인 것이 분명하다.

그러나 덕수 이씨 측에서는 변수림을 무인으로 보고 있다. 그렇다면 처음에 장사랑이라는 하급 직급으로 시작했다가 무관으로 전직했을 수도 있다. 하지만 묘비에는 늘 최종 직함을 쓴다는 점에서 이 문제는 풀리지 않는 의문을 갖게 한다.

또 아산의 읍지인 《신정아주지》에 변수림을 분명히 현감직으로 기록하고 있는 점도 의문이다. 《신정아주지》는 수록한 군사·재정, 인물,

관계 등 중에서 인물들에 대한 기록사항이 비교적 정확하다는 평가를 받고 있다. 없는 것을 만들어 쓰지는 않았을 것이다. 그런 점에서 변수 림은 음서로 현감직을 제수받았을 가능성이 열려 있다.

한편 변존서도 언급할 필요가 있다. 변존서는 초계 변씨 17세손으로 자는 홍백이고 훈련검정을 지냈다. 변씨 대동보에는 전란을 겪은 후 선무일등공신으로 시곡리에 묻혔다고 기록돼 있다. 그렇다면 이순신의 모친 초계 변씨는 변존서의 고모이고 이정은 고모부에 해당하는 셈이며 이순신과는 내외종이 되는 것이 맞다.

변존서는 선조 16년(1583) 별시 병과丙科 81위로 500명 가운데 118등을 하고 급제했다. 1561년생으로 23세에 붙었으니 빠르게 등과한 셈이다. 고모인 변씨와는 46년 차이가 나고 이순신과도 16년 차이가 난다. 그는 이순신 막하에서 싸웠다. 친척 간이라도 상하가 엄격하게 구분되던 시기였다. 그럼에도 이순신이 사촌인 그를 특별히 아꼈을 것은 분명하다.

이순신이 1591년 전라좌수사에 부임한 뒤 야심 차게 추진했던 거북선이 일기에 처음 등장하는 날, 1592년 2월 8일에 그를 언급한 부분이 나온다.

맑았으나, 또 큰 바람이 불었다. 동헌에 나가 공무를 처리했다. 이날 거북선龜船, 귀선의 돛으로 쓸 베 29필을 받았다. 낮 12시쯤에 활을 쏘았다. 조이립趙而立과 변존서가 자웅을 겨루었으나, 조이립이 이기지 못했다. 우후가 방답에서 돌아왔다. 갖은 말로, "방답첨사(이순신)가

온 정성을 다해 방어 준비를 하고 있다"라고 했다. 동헌 마당에 돌기 둥으로 만든 화대火臺를 세웠다.[4]

변존서가 싸워 이겼다는 말이다. 이순신은 어머니의 조카가 이기는 모습을 보며 흐뭇했을 것이다. 그런데도 사촌인 변존서를 앞에 쓰지 않고 조이립이 졌다고 쓰는 것이 이순신의 철학이다. 참으로 대단한 절제다.

한편 이순신 일가가 아산에 이주한 후 생활한 거주지의 위치가 현재 백암리의 어느 곳인지는 알 수 없다. 당시와 워낙 달라진 상황이라 추적하기도 쉽지 않다. 하지만 현재 이순신의 고택은 부인 상주 방씨 친정집이었다는 것이다. 방씨 가문의 손이 끊기면서 제사도 외손으로 넘어가 있다.

이런저런 사연도 많았고 비록 어려운 결정이었으나 어쨌든 크게 보면 변씨의 아산살이 결정은 결과적으로 아산 사족 사회에서의 변씨 가문의 후광과 아산 방씨 가문의 재정적 후원에 힘입어 덕수 이씨 가문이 서서히 회복되는 계기를 만들었다는 것은 절대 부정할 수 없는 사실이다. 모친 초계 변씨의 앞을 내다보는 큰 그림이 하나씩 둘씩 들어맞는 상황이 벌어진 것이다.

특히 지금까지 장인 방진의 영향으로 무과로의 전과를 결정한 것처럼 설명하는 일방적인 주장이 많았으나, 이렇게 외가인 초계 변씨

---

4 《이충무공전서》 1592년 2월 8일 일기.

현충사 고택 이순신 장군이 무과에 급제하기 전부터 살던 집으로, 이후 그의 종손이 1960년대까지 살았던 곳이다. 고택 앞 우물도 보존되어 있다.

가문의 특별했던 물질적·정신적 지원이 상당했다는 점을 고려하면, 외가의 후원이 아니라면 무과로의 전과도 어려웠을 수 있다고 봐야 하지 않을까?

외가에 내려온 무인의 피

무과에 대한 이순신의 혈통 승계는 사실 장인 방진과는 관계가 없다고 볼 수밖에 없다. 피가 섞인 것은 아니기 때문이다. 오히려 외가 쪽이 더 영향을 미쳤다.

순신에게는 외증조부인 모친 변씨의 조부 변홍조는 건공장군(종3품)으로 선사포진宣沙浦鎭 첨절제사를 지냈다. 첨사라고 불리기도 하는 이 자리는 종3품 무관으로 각 진에 배치되었다.[5] 특히 이순신의 외삼촌 변오卞鼇의 직함이 충순위였다는 것에 주목할 필요가 있다. 충순위는 조선시대 중앙군인 오위五衛 가운데 충무위忠武衛에 소속되었던 병종兵種이다.[6] 대개 양반 계층이 군역의무를 수행하던 자리다. 이순신에게 무과에 대한 충고를 해줄 수 있고, 병조 소속이니 무관 직제와 정보에 대한 자세한 사항을 알려줄 수 있는 자리였다.

---

5 김일환, 같은 글, 27쪽.

6 세종 27년(1445)에 3품 이상 고관의 자손을 우대하기 위하여 설치했는데, 이때 600인을 뽑아 돌아가면서 근무시켰다. 물론 복무 후 관리로 진출할 수 있게 하였다. 세조 대와 예종 때 수정을 거쳐 동반 6품 이상·서반 4품 이상 그리고 문·무과 출신·생원·진사·유음자손(有蔭子孫) 등이 소속되는 여정위(勵精衛)가 설치되었다가 곧 충순위로 개칭되었다.

여기에 순신의 부친 이정도 병절교위秉節校尉, 종6품 창신교위彰信校尉, 종5품라는 무산계의 산직을 가졌으니 도움이 되었을 것 같으나 자세한 내용은 알 수 없다. 그러니 무과에 대한 이순신의 능력은 마땅히 모친 - 외삼촌 - 조부로 이어지는 외가 혈통에서 내려온 것이 분명하다.

아산 낙향의 장애물 '문무과 급제의 낮은 확률'

지금까지 변씨 내외가 아산으로 이거한 상황의 배경을 살펴보았다. 그럼에도 여전히 의문은 남는다.

당시 아산의 급제 현황은 이상하게도 상당히 낮았다. 아산이 궁벽하다는 주장도 있고 반대로 공세창貢稅倉이 있어 교통과 물류의 요지였다는 주장도 있다. 김일환 교수의 주장은 전자이고 이상훈 연구사의 주장은 후자이다. 서로 상반된 주장이라 같이 받아들이기는 어렵지만, 논의의 주제가 다르기 때문에 일면 일리가 있는 이야기로 보인다.

김일환 교수의 주장은 아산의 과거 급제자 이야기를 하면서, 아산이 15세기 말에서 16세기 초까지 문무과 합격자가 30명에 불과하다는 이야기를 꺼내기 위한 것이었다.

실제 이 자료[7]에 근거하면 조선 초부터 선조 대에 이르기까지 문무과 합격자가 아산·온양·신창을 합해 진사 11명, 생원 25명, 문과 4명,

---

7 김일환, 같은 글, 25~26쪽.

무과 30명에 불과하다. 아산만 보면 진사 5명, 생원 14명, 문과 2명에 무과 19명 수준이다. 특히 선조 9년인 1576년의 아산 지역 급제자는 진사 2명, 생원 14명, 문과 1명, 무과 3명이다. 이 자료는 아산 지역이 아직 이렇다 할 사림 사족 사회가 제대로 형성되기 어려운 상황이었다는 이야기를 뒷받침해준다. 그러나 16세기 이후《택리지擇里志》를 쓴 이중환의 이야기는 이와 반대다.

> 나라에서는 영인산 북쪽 바닷가에 창倉을 설치하고, 바다와 가까운 충청도 여러 고을의 조세를 거두어 해마다 배에 실어 서울에 나르므로 이 호수를 공세호貢稅湖라 부른다. 이 지방은 본래 생선과 소금이 넉넉했는데, 창을 설치한 후부터 백성이 많이 모이고, 장사꾼도 모여들어서 부유한 집이 많다. 창이 있는 마을만 그러한 것이 아니라 영인산 줄기가 두 갈래의 물 사이에 그쳐서 기세와 맥이 풀리지 않았으므로, 산의 전후와 좌우가 모두 이름난 마을이며 사대부의 집이 많다.

아산이 그리 궁벽하거나 꽉 막혀 있는 곳이 아니었다는 사실을 알수 있다. 그렇다면 모친 변씨가 여러 가지 경우의 수를 살펴보고, 물산이 풍부한 아산을 배경으로 사림 사회의 경쟁의 수를 생각해보고 결정한 것으로 볼 수 있다.

이런 면에서도 변씨가 아산을 염두에 두고 이사를 결정한 것은 아무리 봐도 지혜로운 처사였다고 생각된다. 게다가 문과에 비해 무과가 그나마 들어갈 틈이 좀 더 컸던 것도 분명한 사실이었다.

그러므로 서울에서 왜 이주를 강행했을까 하는 의문의 답은, 앞에서 살펴보았듯 우선 사대부가의 불편한 소문을 잠재우고, 변씨 가문의 재력과 무과 경험에서 도움을 받으며 아산에서 새로운 미래를 열기로 마음먹었기 때문이라는 짐작이 타당성을 지니는 것이다.

과연 영의정 이준경이 중매를 섰을까?

한편 이순신의 중매는 영의정 동고東皐 이준경李浚慶이 선 것으로 기록이 남아 있다. 과연 그랬을까?

상대는 일인지하 만인지상의 영의정이고 이쪽은 말단 벼슬도 하지 않는 가문의 셋째 아들이니 말이다.

그러나 정확한 기록이 있다. 이순신의 장인인 방진 부부의 묘비에 이렇게 씌어 있는 것이다.

공(방진)은 그 이전부터 이곳 백암리 월곡에 거주하면서 보성군수를 역임하였고 배위(아내) 숙인 남양 홍씨는 장사랑 홍윤필의 여식인데, 생육한 아들이 없고 유독 딸 한 분을 두시었다. 후일 영의정을 지내고 청백리로 유명한 동고 충정공 이준경이 일찍부터 양가의 친지인데 그 중매로 아들 겸 사위로써 성혼하니 사위분이 즉 덕수인 이 충무공 순신이다, 때는 단기 3898년(1565) 명종 을축 8월이요 그때부터 이 충무공은 문학보다 무술을 즐겨 수련하여 후일에 임진왜란의 국난 위기를 전승戰勝하여 구국의 원훈元勳이요 민족의 태양으로 받드는 사실을 문헌에서 알 수 있다. (이하 생략)

이처럼 영의정이 된 이준경이 방씨 가문과 덕수 이씨 가문의 중매를 섰다고 분명하게 기록하고 있으며, 그것도 양가의 친지라는 것이다. 《이순신세가》도 이순신을 군수 방진에게 연결해 중매를 선 인물이 명종~선조 시대에 탁월한 통찰력으로 국방 강화에 최선을 다했던 청백리 동고 이준경 대감이었다는 기록을 남기고 있다.

아무튼 이순신이 결혼하면서 이로써 무남독녀 방씨 가문의 재력이 든든하게 더해지게 되었다. 변씨 가문과 온양 방씨 가문의 힘이 보태져 덕수 이씨 이순신의 미래에 큰 배경이 되기 시작한 것이다.

좀 더 자세한 내막을 살펴보자. 먼저 이준경이라는 이 탁월한 인물이 누구인지 알아보자.

그는 1499년~1572년까지 생존한 명종, 인종, 선조 때의 재상이다. 광주廣州 이씨로 갑자사화의 피해를 입어 가문이 도륙을 당했다. 폐비 윤씨에게 사약을 가져다 준 이가 이준경의 할아버지 이세좌였던 것이다. 이에 연산군이 내린 처벌로 집안에 살아남은 사내가 없을 정도로 철저하게 짓밟혔다. 유모가 데리고 달아난 이윤경, 이준경 형제만 겨우 살아남아 가문의 명맥을 잇게 됐다.

이후 다행히 중종반정으로 신원이 복원되었고, 열심히 노력해서 이준경은 홍문관 부수찬, 사헌부장령, 대사헌, 우의정, 영의정을 역임했다. 그의 형 이윤경도 직급은 동생 준경보다 낮았지만 을묘왜변 때 큰

방진 부부 묘소 현충사 경내 뒤편에 이순신 장군의 장인이자 보성군수를 역임한 방진과 장모 남양 홍씨의 묘소와 묘비가 있다.

공을 세웠다. 정걸 장군이 이윤경 밑에서 근무한 기록이 있으며, 이윤경이 정걸 장군을 칭찬한 기록도 나와 있다.

이준경은 1555년 을묘왜변 때 전라도 순찰사로 내려가 왜구를 축출했다. 그 공으로 우찬성에 오르고 병조판서를 겸임했으며 1558년 우의정, 1560년 좌의정, 1565년 영의정에 올랐다. 명종이 갑자기 죽으면서 후사를 정해두지 않아 조정이 후사 문제로 설왕설래하며 시끄러울 때 영의정 이준경이 1567년 하성군河城君 이균李鈞을 세우니 그가 바로 선조였다.

이준경이 선조를 세운 것은 당시 왕이 될 왕족 가운데 그보다 더 나은 재목이 없었다는 점에서, 차선책으로 택한 것이 아닌가 한다. 여러 후보를 골랐으나 마땅한 인물이 없었던 것이다. 그러나 선조의 품성에 대해 너무도 잘 알았던 이준경은 선조의 정치 방식을 나무라는 상소를 써서 올렸고, 선조가 이를 수용하기도 했다.

그는 앞으로 붕당이 있을 것이니 선조가 한곳에 쏠리지 않는 공평한 정치를 하여 이를 타파해야 한다는 유차遺箚를 남겼고 왜적의 침범도 예언했는데, 과연 그대로 되었다. 유차란 죽기 전에 임금에게 올리는 유언이자 마지막 상소를 말한다.

옹졸한 선조, 정도를 가르친 이준경, 대범했던 이순신

필자가 이 유차를 소개하는 것은 선조의 품성을 이해하는 데 도움을 주기 때문이다. 또 이순신을 삼도수군통제사로부터 밀어내버리고 죽음에 이르기까지 밀어붙이다가, 원균이 칠천량 전투에서 처참하게 패전하자 허둥지둥하며 재임용하는 과정에서 선조의 심리적인 변화를 읽어내는 데 큰 도움이 된다. 이준경은 선조의 등극에 절대적인 영향을 미쳤기에 그가 선조를 나무라는 장면은 이순신의 억울한 파직과정을 이해하는 데에도 도움을 준다.

선조는 늘 국익보다 자신의 체면이 깎이는 부분에 대해 더 신경을 곤두세웠다. 자신이 서자 출신의 왕이며, 부모가 왕과 왕비가 아닌 최초의 방계 혈통의 왕이라는 것에 콤플렉스가 있었던 것을 엿볼 수 있다. 그는 자신의 체모가 깎이는 것을 왕권에 대한 중요한 도전으로 받아들이곤 했다.

《선조실록》에는 앞에서 건천동 이야기를 하다가 언급했던, 허봉許篈이 선조의 심기를 건드린 부분이 나온다. 허봉은 허엽의 아들이고 허균의 형이자, 허난설헌의 오빠이고 유희춘柳希春의 문인이다.

《선조수정실록》선조 11년 5월 1일 1578년 명 만력萬曆 6년
강관講官 허봉이 입시하여 대원군 사당의 명칭을 정하는 일로 아뢰다

강관 허봉이 입시하여 아뢰기를,

"명분이 바르지 못하면 말이 순하지 않습니다. 요즘 대원군 사당을 일컬어 '가묘家廟'라 하고 있는데 국가에 어찌 가묘가 있을 수 있겠습니까. '대원묘大院廟'라고 하거나, 아니면 '사친묘私親廟'라고 해야 옳을 것입니다. 그리고 전하께서 안빈安嬪을 '우리 조모'라고 하시는 것도 역시 매우 잘못입니다. 비록 대원군이 계시더라도 적모嫡母에 압존壓尊되어 감히 자기 어머니에게 어머니라고 부르지 못하는 법인데, 더구나 전하께서는 대궐에 들어와 대통大統을 이어받으셨으니 어찌 감히 조모라고 일컬을 수 있겠습니까. 그리고 대원군은 제후의 별자別子로서 백세토록 옮기지 않는 사당이 되었으나 안빈은 바로 첩모이기 때문에 시조의 사당에 들어갈 수가 없고 다만 사실私室에서 제사해야 합니다."

하니, 상(선조)이 성난 음성으로 이르기를,

"허봉이 감히 이런 허다한 이야기를 하는가. 옛사람이 이르기를 '말로써 뜻을 해쳐서는 안 된다'고 하였다. 안빈은 실지로 조모인데 우리 할머니라고 한다 해서 무엇이 해롭단 말인가. 그리고 가묘라고 한다 해서 또한 무슨 방해가 되기에 허봉이 감히 비교하면서 말을 하여 함부로 의논을 만들어내는가. 나는 그가 무슨 생각을 가지고 그러는지 모르겠다."
하자, 좌상 홍섬洪暹이 아뢰기를,

"나이 젊은 사람이라 옛글만을 읽었을 뿐, 실지로 일을 경험해보지 못했기 때문에 너무 지나친 논의를 만들어낸 것입니다. 그러니 상께서는 모두 포용하셔야 합니다. 만약 이와 같이 기를 꺾으신다면 모두가 생각하고 있는 것을 제대로 말하지 않을까 염려됩니다."
하였다.

선조의 아버지 덕흥대원군 사당의 이름을 정하는 것을 놓고 토의하던 중, 경연관 허봉이 창빈 안씨를 첩이라고 칭했다가 선조가 크게 분노하는 장면이다. 이날 선조는 허봉에게 누가 첩이냐고 따지고 불같이 화를 냈다. 창빈 안씨를 첩이라고 대놓고 지적한 데 대해 참을 수가 없었던 것이다. 좌의정 홍섬이 말리지 않았다면 선조가 허봉을 그대로 두었을지 의문이다.

선조는 재위 도중 여러 번에 걸쳐서 생부 덕흥대원군을 왕으로 추존하려고 시도하였으나, 사림의 맹렬한 반대에 부딪혀 결국 뜻을 이루지 못했는데, 이런 부분에서도 선조의 콤플렉스를 엿볼 수 있다.

영의정 이준경도 이 부분을 잘 알았다. 자신이 죽으면 이제 선조에게 잔소리를 할 중신들이 제대로 있을까 싶었던지, 임종 직전 유차를 올렸다.

《선조실록》 6권, 선조 5년 7월 7일 1572년, 영의정 이준경이 임종 때 올린 차자

지하로 가는 신 이준경은 삼가 네 가지의 조목으로 죽은 뒤에 들어주실 것을 청하오니 전하께서는 살펴주소서.

첫째, 제왕의 임무는 학문하는 것이 중요합니다. 정자가 말하기를 '함양涵養은 모름지기 경敬이라야 하고 진학은 치지致知에 있다'고 하였습니다. 전하의 학문이 치지의 공부는 어느 정도 되었지만 함양의 공부에는 미치지 못한 바가 많기 때문에 언사言辭의 기운이 거칠어서 아랫사람을 접하실 때 너그럽고 겸손한 기상이 적으니 삼가 전하께서는 이 점에 더욱 힘쓰소서.

둘째, 아랫사람을 대하는 데 위의威儀가 있어야 합니다. 신은 들으니 '천자는 온화하고 제후는 아름답다'고 하였습니다. 위의를 갖추어야 할 때에는 삼가야 합니다. 신하가 말씀을 올릴 때에는 너그럽게 받아들이고 예모禮貌를 갖추어야 합니다. 비록 거슬리는 말이 있더라도

그때마다 영특한 기운을 발하여 깨우쳐줄 것이요, 일마다 겉으로 감정을 나타내고 스스로 현성賢聖인 체 자존하는 모습을 아랫사람에게 보이는 것은 마땅치 않습니다. 그렇게 하시면 백료百僚가 해체되어 허물을 바로잡지 못할 것입니다.

셋째, 군자와 소인을 분별하는 것입니다. 군자와 소인은 구분되기 마련이어서 숨길 수가 없습니다. 당 문종唐文宗과 송 인종宋仁宗도 군자와 소인을 모른 것이 아니었지만 사당私黨에 끌려서 분간하여 등용하지 못함으로써 마침내 시비에 현혹되어 조정이 어지럽게 되었던 것입니다. 진실로 군자라면 소인이 공박하더라도 발탁하여 쓰고, 진실로 소인이라면 사사로운 정이 있더라도 의심하지 말고 버리소서. 이같이 하시면 어찌 북송과 같은 다스리기 어려운 일이 있겠습니까.

넷째, 붕당朋黨의 사론私論을 없애야 합니다. (이때에 심의겸이 외척으로 뭇 소인들과 체결하여 조정을 어지럽힐 조짐이 있었기 때문에 이를 지적한 것이다.) 지금의 사람들은 잘못한 과실이 없고 또 법에 어긋난 일이 없더라도 자기와 한마디만 서로 맞지 않으면 배척하여 용납하지 않습니다. 그리고 자신의 행동을 검속檢束한다든가 독서하는 데에 힘쓰지 않으면서 고담 대언高談大言으로 친구나 사귀는 자를 훌륭하게 여김으로써 마침내 허위虛僞의 풍조가 생겨났습니다. 군자는 함께 어울려도 의심하지 마시고, 소인은 저희 무리와 함께하도록 버려두는 것이 좋습니다. 이 일은 바로 전하께서 공평하게 듣고 보신 바로써 이런 폐단을 제거하는 데 힘쓰셔야 할 때입니다.

신은 충성을 바칠 마음 간절하나 죽음에 임하여 정신이 착란되어 마음속의 말을 다하지 못합니다.

사실 명종 사후에 명나라 사신이 조선 조정의 후사를 걱정할 정도였는데 대신들 중에 누가 있는지를 물어보고 이준경이라는 대답을 듣자 "그러면 안심이다"라고 했다는 이야기가 나올 정도로, 명나라에서조차 이준경의 신망은 두터웠다. 그리고 사실상 선조는 이준경으로 인해 임금 자리에 오른 것이나 마찬가지였다. 따라서 선조는 이준경에 대해 큰 신뢰를 드러냈고, 사석에선 아버지처럼 그의 이야기에 귀를 기울였다. 그런 만큼 선조의 됨됨이를 가장 잘 아는 이 또한 이준경이었다.

임종을 앞둔 이준경이 올린 위의 유차에서 선조의 편향된 성격을 엿볼 수 있다.

그는 선조가 평소에 아랫사람을 대할 때 너그럽지 않고 한쪽으로 치닫는 성격을 지적하고 있다. 편협하고 한쪽 이야기에만 귀를 기울여 들음으로써 붕당의 폐해를 만들어내기 좋은 성격이었다.[8]

이순신도 선조의 치우친 성격을 잘 알고 있었을 것이다. 삼도수군통제사로 모함을 받아 옥고를 치르며 생사를 가르는 절박한 순간에 처했을 때, 이순신은 선조의 선처를 구하기 위해 뇌물을 쓰거나 편법을 동원하지 않았다. 선조가 자신에 대해 보이지 않는 질투를 하고 있다는 것을 알았기 때문이다.

---

8 박기현, 《조선의 킹메이커》, 위즈덤하우스, 2019.

그도 전장의 장수이지만 류성룡과 자주 편지를 주고받았고, 오가는 인편으로 듣는 정보도 많았을 것이다. 이 때문에 이순신은 정도의 길을 걷고 차라리 명예를 택하려고 마음먹었을지 모른다.

이준경·방진·정걸의 인연이 만든 영웅

그런데 이준경은 어떻게 덕수 이씨 이정의 아들 이순신과 온양 방씨 방진의 딸 방규수의 혼인에 관여하게 되었을까?

이 부분에 대해 속 시원히 살펴본 작가나 역사가는 많지 않다. 하지만 필자가 앞뒤 정황을 살펴보니 그래도 좀 접근할 부분이 보였다. 필자 외에도 통영 시티 투어 관리자가 이에 대해 연구를 하고 관련 글을 남겼는데, 상당히 흥미로운 부분이 있어 잠시 소개한다.

혼인이 이루어진 1565년 당시 양가의 가문을 살펴본다. 덕수 이씨 이순신의 가문은 부친 이정李貞이 창신교위(종5품)였지만 실직 없는 산관이었고, 조부 이백록李百祿은 평시서 봉사(종8품)를 지냈지만 이미 20여 년 전에 작고했다. 증조부 이거李琚가 이조정랑(정5품)과 순천부사(종3품)를 지냈으니 양반의 집안이었다. 온양 방씨 방규수의 가문도 부친 방진方震이 보성군수(종4품), 조부 방국형方國亨은 영동현감(종6품), 증조부 방흘方屹은 평창군수(종4품)를 지냈으니 역시 양반의 집안이었다. 양가 모두 행세깨나 하는 향반이었지만 현직의 의정부 영의

정(정1품)과의 관계설정은 쉽지가 않다. 그런데도 영의정 이준경李浚慶
이 이순신과 방규수의 혼인을 중매했다는 기록이 덕수 이씨 외후손이
지은 장인 방진의 묘비에 전해진다.[9]

이 관리자는 관련 인물들의 생몰연대에 주목했다. 즉, 이순신의 조
부 이백록(생몰 미상)과 방씨 규수의 조부 방국형方國亨, 1490~1561과 연관이
있지 않을까에 주목하고 몇 년에 걸쳐 파헤치며 의혹의 실마리를 찾다
가, 드디어 찾아낸 것이다.

이 연구에 따르면 1522년 임오년 식년사마방목式年司馬榜目이 접촉점
의 출발이다. 중종 17년에 치러진 식년 사마시司馬試에서 이준경과 이
순신의 조부 이백록, 이순신의 처조부 방국형, 이 세 사람이 모두 생원
시 동방同榜이었다는 것이다. 대단한 발견이다. 필자도 놀라서 박수를
칠 정도였다. 같은 해 과거에 급제한 동기생들을 동년同年 또는 동방同榜
이라 하니, 이들은 누구보다 끈끈한 동지애로 뭉쳤을 법하다.

이 식년시式年試에서 생원·진사 각 100명을 뽑았는데 각각 1등 5명, 2
등 25명, 3등 70명이 정원이었고 이준경은 3등 9위(39/100)의 우수한 성
적으로 합격했다. 이순신의 조부 이백록도 식년시 3등 50위(80/100)로,
방국형도 식년시 3등 56위(86/100)로 합격한 동기생이었던 것이다.[10]

---

9 통영 시티투어 이야기방 '통영은?' 게시판, 〈영의정 이준경이 이순신과 방규수의 혼인을 중
   매한 사연〉 http://www.tycitu.com/pbbs/bbs/board.php?bo_table=b_05_04&wr_id=114

10 통영 시티투어 관리자는 이 자료의 출전(出典)을 《가정1년(아중종대왕17년)임오식년사마
   방목[嘉靖元年(我中宗大王十七年)壬午式年司馬榜目]》, 하버드옌칭도서관(Harvard-Yenching
   Library)[TK 2291.7 1746(1522)]이라고 밝히고 있다. (자료 재인용)

국역 《동고유고》 조선 중기의 문신·학자 이준경의 시문집. 영의정 이준경은 재임 중에 임진왜란과 당쟁 발발을 예견했고, 이순신을 방씨 집안과 이어주며 중매를 섰다. (수원대학 동고연구소)

집요한 추적의 결과다. 집요하게 파헤치지 않으면 이런 세세한 것까지는 도저히 찾아낼 수가 없는 법이다. 감사한 마음으로 이 자료를 공유했다. 필자도 일찍이 이준경의 《동고유고東皋遺稿》[11]를 읽으며 이준경 형제의 용감함과 충성심, 왜적을 살피는 예리한 시각 등을 접하고 감탄한 적이 있다. 특히 졸저 《80세 현역 정걸 장군(충무공 이순신의 멘토)》를 집필, 출간한 적이 있어 이준경이 수하에 정걸과 방진을 데리고 일한 적도 있고, 31세 연상의 해전 전문가 정걸 장군을 이순신의 조방장助防將으로 추천한 것을 알고 있었다. 특히나 방진과 정걸은 둘 다 1514

---

11 이 책의 초간본은 1588년(선조 21) 저자의 막내아들인 이덕열(李德悅)에 의해 청주에서 목활자본으로 간행되었으나 보급되기 전 임진왜란 때 소실되었다. 그 뒤 1706년(숙종 32) 후손들이 중간하고, 1913년 후손들이 다시 중간하여 선보였다.

정걸 장군 위패 경상우수사 출신의 정걸 장군은 이순신 장군보다 31세 연상으로, 은퇴 후 다시 돌아와 이순신의 조방장을 역임하며 임진왜란 초기 해전 승전에 큰 도움을 주었다. 정걸은 후일 충청수사가 되어서도 충무공을 음양으로 지원했다. (행주산성 인근에 권율장군 추모를 위해 세운 행주서원杏洲書院 내)

년생으로 동갑이다.

그러니 영의정 이준경이 이백록 집안의 준걸 이순신과 방진의 가문을 이어주지 못할 이유가 없었던 것이리라.

방진의 든든한 후원도 큰 몫

초계 변씨의 아산 이주에서 또 한 명의 후원자를 잊으면 안 된다. 바로 이순신의 장인 방진 군수다.

방진은 1514년 충청도 온양(현 충청남도 아산시 염치읍)의 온양 방씨 양반 집안에서 태어났다. 온양 방씨 판서공파로 중시조 온수군溫水君 방운方雲의 22세손으로 알려져 있다. 방진의 할아버지는 평창군수를 지낸 방흘方屹, 초명 방홍이고, 아버지는 영동 현감을 지낸 방국형이다. 영의정 이준경과 식년시 동기라는 점은 앞에서 살폈다.

그는 '조선의 신궁'으로 불렸을 정도로 활을 잘 쐈다고 한다. 예로부터 활 잘 쏘는 장군을 선사善射라 하였는데, 조선 선조 대의 명궁사로 방진의 이름이 있다고 하는데 확인하지는 못했다. 그는 명궁으로 중종조에 무과에 등과했다고 전한다. 22세인 1535년 관직에 임명되어 제주 현감으로 부임했고 1537년까지 근무했다. 이후 보성군수를 역임하였다. 다만 필자가 제주 현감 목록을 뒤졌는데 기록을 찾지는 못했다.

보성 방진관의 자료에 따르면 방진은 이준경과 동문수학을 했다고 하는데, 이는 너무 나간 것으로 생각된다. 이준경은 1499년생, 방진은 1514년생이며 한 사람은 촉망받던 문인으로 요직을 꿰차며 영의정까지 올랐고 방진은 무인이었으니 동문수학이라는 말은 어울리지 않는다. 그러나 준경이 병조판서로 재직할 때 그의 휘하에서 근무했다고 볼 수는 있고, 을묘왜변에 정걸과 함께 종군했으니 서로를 잘 알고 있었을 것이라 생각한다.

한편 방진에 관한 자료를 찾아보면, 이순신이 10대 중후반 때 서울 친구들에게 한문 공부를 시키는 것을 이준경이 우연히 발견하고 그에게 관심을 가졌다고 나와 있는데, 이 역시 필자는 자료를 찾지 못했다.

한산정(閑山停) 이충무공이 부하들과 함께 활쏘기를 연마하던 곳. 이곳에서 과녁까지의 거리는 약 145미터 정도로, 활터와 과녁 사이에 바다가 있는 곳은 이곳 외에는 찾아보기 어렵다.

게다가 이순신은 10대 중후반에 아산에 있었을 공산이 더 크다. 요즘 지방 사학자들이 여러 사료를 내놓고 많은 연구 결과를 발표하고 있는데, 이순신의 결혼 후 보성 거주설은 좀 더 정확한 증거가 있어야 할 것으로 본다.

어쨌든 이순신은 이준경의 적극적인 추천에 힘입어 방진의 딸과 결혼할 수 있었다. 또한 이렇게 사방에서 도와주는 후원자들 속에서 성장해, 무과 도전 10년 만인 1576년 2월에 치러진 무과 시험에서 급제했다.

한편 이순신 역시 활쏘기에 대단한 힘을 기울였던 것이 《난중일기》에도 기록되어 있다. 《난중일기》에는 총 265회의 활쏘기 기록이 등장한다. 그중에서 이순신 자신이 직접 활을 쐈다는 내용과 순찰사와 부하들과 같이 쐈다는 내용이 231회, 자식들의 활쏘기와 부하들의 활쏘기를 구경했다는 내용이 28회, 자식과 부하들에게 활쏘기를 시킨 것이 6회이다.[12] 이는 문헌 해석마다 달라질 수 있다.

모친 변씨의 재무관리, 〈별급문기〉

이순신의 가족이 아산으로 이주하고 나서 가장 달라진 점을 꼽으면 경제적으로 안정되기 시작했다는 점이다. 서울에서 살았을 때는 녹봉

---

12 진윤수·한정훈·안진규, 〈이순신의 난중일기에 나타난 활쏘기 연구〉, 《한국체육사학회지》 18호, 30쪽.

도 없고 물려받은 재산도 별로 없으니 변씨와 이정 부부가 각박한 살림을 계속하기가 만만치 않았을 것이다. 그러나 아산으로 오고 나서는 그런 경제적 어려움이 어느 정도 개선되었을 것이다. 변씨 가문에서 물심양면의 후원이 있었을 것이고 이정과 변씨 부부도, 자식들도 열심히 살았을 것이기 때문이다.

앞에서 이정의 집안이 그리 넉넉하지는 않았을 것이라고 언급했다. 하지만 가난할 정도는 아니었다고 보는 것이 타당하다. 이 문제는 정확한 자산 파악 자체가 불가능하기 때문에 오로지 추측일 수밖에 없다. 그러나 추측이 아닌 실물 증거들도 일부 나와 있어, 아산 살림의 규모를 짐작하게 해준다. 이 살림이 서울서부터 모두 가지고 온 것이라고 보기에는 무리가 있을 것이다. 아산에서 거주하면서 변씨 가문의 후원을 바탕으로 조금씩 자산을 늘려온 것이리라.

변씨와 덕수 이씨, 이순신 가문에 대해 또 하나 잘못 알려진 것은 이순신 가문이 대단히 가난해져서 재정적으로 어려워지는 고초를 겪으며 영웅이 탄생했다는 식의 과장된 이야기가 계속 흘러다닌다는 것이다. 블로그는 물론이고 인터넷과 유튜브 등에서 수많은 이들이 이순신의 재정적 곤경설을 해설하는 것을 볼 수 있다. 그러나 전문 연구자들은 그것이 하나같이 과장되고 근거도 없는 이야기라고 말한다.

물론 앞에서 살펴보았듯이 두 대에 걸쳐서 벼슬을 제대로 하지 못해 어려움이 생긴 것은 분명하다. 하지만 찢어질 듯 가난했다고 이야기할 정도는 결코 아니었다.

모친 변씨가 아산으로 이사한 동기는 점점 나빠져가는 재정 상황을 타개하고 회복하기 위한 발판을 아산 친가에서부터 만들려고 한 것이다. 당장 끼니를 굶을 정도는 결코 아니었던 것이다.

이 문제를 직접 연구하고 검토해 논문을 낸 이는 전 국립진주박물관 학예사 이상훈이다. 그는 〈임진왜란 전 이순신의 행적과 가문의 상황 - 1588년 발급 「별급문기別給文記」를 중심으로〉라는 논문을 통해 이순신의 가문 상황을 밝혀냈다. 별급문기란 조선시대 재산을 증여할 때 사용하던 문서양식이다. 당시 양반가에선 토지나 노비를 나눌 때 작성했다. 따라서 일반적인 분재分財·재산 상속 때 작성되는 깃급문기衿給文記·화회문기和會文記 등과는 구별되는 문서이다. 요즘으로 말하면 재산 분배장이라 하겠다.

지금은 보통 자산을 가진 분이 돌아가시거나 할 때 공증을 세워 유산 상속을 정리해두는데, 조선에선 특별한 사안이 있으면 나누곤 했던 것으로 보인다. 그 대표적인 것이 결혼이고, 집에서 가정을 나누어 나가는 분가, 이사, 생일이나 사망 등 그 상황은 다양했는데, 이순신 가에서는 과거 급제를 기념하기 위해서 분급을 실시하기도 했다.

대체로 양반가의 재산 분급은 가족에만 한정되지는 않았다. 조부나 숙부, 심지어 장인에게도 해당되는 등 친인척 누구에게나 줄 수 있었다. 일부 문서를 보면 병을 치료했다거나 혹은 딸만 낳다가 아들을 얻었다고 나누는 경우도 있었고, 너무 가난하게 사는 양반 친척을 돕기 위해 재산을 분급하기도 했다. 어느 쪽이든 한쪽이 수혜를 주는 형태였으며 별급의 대상자와 별급의 사유가 넓고 다양하기 때문에 뒤에 별급된 재산을 둘러싸고 자손 간에 분쟁이 생길 소지가 생길 수 있었다.

왜 아버지의 재산을 너희들이 가졌는가 하고 따질 수 있을 법했다. 그렇기에 나중에 혹시 후대에 생길 분쟁의 소지를 없애기 위해 정확한 수혜와 분급의 내용을 기록으로 밝혀둔 것이다.

구체적으로는 문기의 작성 연월일을 비롯하여 별급 대상자의 성명, 별급의 구체적인 사유, 별급할 재산(토지·노비)의 표시(토지 소재·결수, 노비 수), 분급에 앞서 재주로서의 당부, 재주^{財産家}와 증인·필집筆執의 착함着銜·수결手決 등이 기재되었다. 수결은 지금으로 말하자면 사인이다. 또 명문가의 별급에는 고관·명사들이 증인으로 동원되는 경우도 있었다.

변씨가 손수 시행하여 발급한 〈별급문기〉는 1584년에 작성했던 문서를 화재로 잃어버리고 나서 1588년 3월 12일 다시 작성한 것이다. 원래는 이순신이 1576년 무과에 급제하자 이를 축하하기 위해 어머니인 변씨가 노비와 토지를 증여한 서류다.[13]

이순신에게 분배된 재산뿐만 아니라 그의 형제들에게 나눠준 몫도 함께 기록하고 있다는 점에서 이씨 가문의 재산 규모를 대략이나마 짐작할 수 있게 해준다.

가로 95센티미터, 세로 33센티미터인 이 문서의 발행 주체가 이순신의 모친인 변씨라는 점이 눈길을 끈다. 당당히 모친으로서 재산 분급기를 발행한 것이며, 증인으로 장남 희신의 장자인 종손 뢰蕾, 차남

---

13 이상훈, 〈임진왜란 전 이순신의 행적과 가문의 상황 - 1588 발급 별급문기를 중심으로〉, 《이순신연구논총》 10권, 1호, 순천향대학교 이순신연구소, 2008.

요신의 장자인 봉菶, 4남인 우신을 참석토록 하였으며, 문서 작성자는 요신의 차남인 해荄였다.

모친 변씨는, 그럴 리는 없지만 나중에라도 손자들이나 아들 사이에 누군가 재산 분급을 둘러싼 분쟁이 생길 소지를 아예 없애기 위해 네 형제의 막내 우신과 다음 대를 이어갈 손자들을 모두 불러 모아 증인으로 세웠다. 여기에서 철저한 재산관리 의식을 볼 수 있다.

당시 이순신은 쉽지 않은 관직생활을 보내고 있었다. 1587년 8월 조산보만호 이순신은 녹둔도鹿屯島 둔전관屯田官을 겸하게 되었는데 이순신이 부임한 지 얼마 지나지 않아 여진족의 침입으로 전투가 벌어졌고, 열심히 싸워 이겼음에도 부당하게 파직되어 백의종군白衣從軍했다. 이듬해 1588년 1월 여진족의 거점인 시전부락時錢部落 토벌군에 참가한 공으로 복권된 것이 천만다행한 일이었다. 이순신은 이 증서가 발급된 뒤인 1588년 윤6월에 아산의 본가로 돌아와 분급기를 볼 수 있었을 것이다.

당시에 이순신의 가문은 존립이 위태로운 상황이었다. 이순신도 돌아와 자신의 가문을 살펴보고 아마도 통한의 눈물을 흘렸을지 모른다.

무엇보다 이정 가문의 기둥이었던 둘째 형 요신이 1580년에 죽음을 맞았다. 고향을 지키고 있던 부친 이정도 1583년에 세상을 떠나, 이순신은 3년상을 치렀다. 그런데 같은 해 화재가 일어나 집 안의 값나가는 모든 것이 불타버리는 일이 있었고, 1587년 1월 24일에는 큰형인 이희신마저 53세로 세상을 떠났다. 가문을 받쳐온 가장과 장남, 차남의 사망에 화재까지 겪은 상황이니 변씨와 이순신 가족의 참담함은 이루 말

할 수 없었을 것이다.

그럼에도 일흔셋의 고령이던 변씨는 주저앉지 않았다. 가정을 지키면서 변씨는 가족들을 모아놓고 자신이 죽은 뒤를 대비하기 위해 발급 당시의 기억을 되살려 1584년 화재 이전의 재산에 대한 기록을 새로 작성하기 시작했던 것이다. 그것이 바로 1588년 3월 12일 작성된 이 〈1588년 별급문기〉이다.

이상훈 연구사는 이 증서를 분석한 결과 다음과 같은 점을 밝혀냈다.

첫째, 형제에 대한 재산 증여가 1564년, 1573년, 1576년과 시기를 알 수 없는 또 한 번에 걸쳐 이루어지고 있었다. 그리고 형제 간의 증여 비율이 공평하도록 분배하였다.

둘째, 특별한 사유가 없음에도 장자에게 노비와 토지를 별급하고 그의 권리와 의무를 명확히 밝혔다.

셋째, 증서 내 전체 노비가 노 12구, 비 9구 및 별급된 토지가 미미한 것으로 보아 당시 양반가의 평균 재산보다 많은 것은 아니지만 적어도 기존의 이순신 전기 등에서 표현되었던 것과는 달리 매우 가난한 환경은 아니었던 것으로 보인다.

넷째, 노비의 분포가 본가가 있는 아산을 비롯하여 전라도, 충청도, 황해도, 평안도 등 전국적으로 보인다는 점이다. 이는 전국에 이순신 가의 토지가 흩어져 있었을 가능성도 배제할 수 없다는 것을 의미한다.

필자도 이 〈별급문기〉를 자세히 살피면서 여러 가지 추측을 할 수

〈수책거적도(守柵拒敵圖)〉 모사도 이순신 장군이 함경도 북관에 있을 때 여진족과 전투한 장면을 기록한 것이 〈수책거적도〉이다. 원본은 고려대학교 박물관 소장.

있었다. 우선 이상훈 연구사의 연구 결과를 보면서 노비의 연령이 생각보다 낮고, 계속 세습되고 있으며 전국 규모로 분포되어 있다는 점을 생각해보았다.

이순신에게 분급된 노비는 말질비(31세), 복수(32세), 추산(29세), 몽간, 순화, 춘화(19세), 만손, 수비 등 8명이다. 노는 사내종이고 비는 계집종으로 말질비, 춘화가 여자 종이고 나머지는 남자이며 수비는 남녀 표기가 없다. 그런데 이들 8명 중 7명에 대해 누구 소생이라고 구체적으로 밝혀놓고 있는 것을 보면 이 노비들은 계속 이순신 가문에서 일해온 것이 아닌가 싶다.

한편 노비들의 거주지가 다른 점도 눈에 띈다. 추산은 전라도 영광, 몽간은 나주, 순화는 홍양(지금의 고흥)이며, 춘화도 홍양에 거주하고 있었다. 그런가 하면 만손은 평안도 영변이고 수비는 황해도 은율이다. 남쪽 지방의 노비는 누구로부터 상속된 것이며 또 북쪽 지방의 노비는 어떤 연유로 이순신에게 분급된 것일까? 궁금증이 한없이 이어진다.

이순신의 노비 분급 시기는 1576년 과거에 급제한 사유로 분급된 것이며, 가문의 장남인 희신에게는 승중承重으로 분급되었다. 승중이란 장손으로서 아버지·할아버지를 계승하여 조상의 제사를 받드는 일, 또는 그 일을 책임지는 사람을 말한다. 승중자에게는 가묘家廟를 안치한 가옥을 상속할 권리가 주어지고, 노비 등의 상속에서 다른 자식보다 우대를 받았다.

이 분급기에서 장남 희신은 노 2명, 비 2명을 분급받았는데 이미 받은 노비가 있었는지는 확인할 길이 없고, 특별히 재산을 나눌 일은 없었지만 장자이고 가문의 상속자이기 때문에 노비와 토지를 분급한 것으로 보인다.

한편 둘째 요신에게는 사마시에 합격한 1573년에 분급한 것으로 보이는데 노 3명, 비 3명을 각각 분급했다. 이 경우 4명이 영광, 2명이 나주에 기거한 것으로 기록이 나와 있다.

막내 우신에게는 1564년에 노 2명, 비 2명이 분급됐는데 이 중에 아산 출신의 종인 윤복이 있어 눈길을 끈다. 나머지 둘은 남원이다.

이렇게 보면 모든 노의 합은 12명이고 비의 합은 9명이다. 총 노비의 수는 21명이고 전국에 흩어져 있음을 알 수 있다. 그런데 여기에 토지 분급을 보면 더 궁금해지는 부분이 있다.

이순신에게는 영광, 나주, 흥양, 영변, 은진의 땅이 분급된 듯한데 노비와 함께 준 것으로 해석할 수 있겠지만 정확한 것은 알기 어렵다. 이상훈 연구사는 이 지역에 따로 이순신 가문의 토지가 있을 가능성도 배제할 수 없다고 봤다. 필자도 마찬가지인데, 다만 희신과 우신에게 아산과 온양의 땅이 분급된 것으로 보이는 기록을 볼 때 이 재산은 변씨가 가족을 이끌고 아산으로 이거한 후 얻은 재산을 나눈 것이 아닌가 싶기도 하다.

어쨌든 변씨의 아산 이주는 이렇게 경제적으로도 힘을 얻게 해준 중요한 계기가 되었던 것이 분명하다는 점이 이 〈별급문기〉로도 증명된다. 순신이 외지로 나가 근무할 때 모친 홀로 손자들을 데리고 열심히 재화를 모으고 아끼며 축적했던 것도 짐작할 수 있다.

모친, 이순신의 기둥으로 스승이 되다

변씨는 셋째 아들 이순신을 1545년에 낳았다. 우리 나이로 서른한 살 때였다. 지금은 서울 충무로인 건천동에서 출산하여 어린 시절 내내 열심히 공부하고 담대한 성정을 키우도록 가르쳤으며, 83세에 별세할 때까지 이순신에게 깊은 영향을 끼쳤다.

여러 자식 가운데서도 변씨와 순신의 관계는 특히 돈독했는데, 이순신이 어머니 변씨를 하늘이라고 부를 정도였다. 《난중일기》에 기록된 약 650일 중 이런저런 부연설명까지 합하면 어머니를 사모하며 편지와 일기를 쓴 것이 110일이 넘을 정도다. 이에 비해 아버지에 대한 기록은 며칠뿐이어서 극명하게 대조가 된다. 물론 《난중일기》를 기록하기 이전에 부친이 돌아가셨기 때문이기도 하지만, 그렇더라도 그에게 변씨는 어머니 이상의 신성한 존재였다. 또한 이순신의 생애 전반에 걸쳐 모친의 가르침은 큰 교훈이 되었다.

가장 극적인 장면은 역시 후일 전라좌수사로 임명받은 이순신이 어머니 변씨를 찾자, 자신을 만나러 온 아들 순신에게 변씨가 당부하는 말이다.

> 아침을 먹은 후 어머니께 하직을 고하니 "가서 나라의 치욕을 크게 씻으라"라고 두세 번 타이르시며 조금도 이별하는 것을 탄식하지는 않으셨다. (1594년 1월 12일 일기)

모친과 순신의 대쪽 같은 성격

변씨는 대쪽 같은 고집이 있었고 스스로 삶을 개척해가려는 강한 집념이 있었다. 둘째 아들 요신, 남편 이정, 큰아들 희신을 차례로 모두 잃고 재산마저 화재로 날려버렸지만 그대로 주저앉아 포기하지 않았다. 오뚝이처럼 일어나는 근성과 자주·자립의 정신을 갖추고 있었기 때문이다.

순신도 그의 성격을 그대로 닮았다. 맏형 희신이 조용하게 분수를 지키며 살았던 것과는 사뭇 달랐다.

모자가 모두 자주와 자립을 원칙으로 여겼고, 아무에게나 함부로 손을 내밀지 않았다. 순신이 나중에 공무상 출장을 다녀온 다음 공직자에게 주는 곡식을 아껴 반납한 것은 너무도 유명한 이야기다. 이렇게 아끼고 철저하게 관리하는 능력은 대부분 모친 변씨로부터 나온 것이라고 볼 수 있다. 그녀가 〈별급문기〉를 발행하면서 얼마나 꼼꼼하게 정리하고, 철저하고 공평하게 나누었는지는 뒤에서 살펴볼 수 있을 것이다.

순신은 가문의 후원을 힘입을 수 있는 조건들을 갖추고 있었지만 친인척들의 위세나 권력의 힘을 바라지는 않았다. 대표적인 인물로는 율곡과 이광 같은 인물을 들 수 있다. 율곡과 순신은 19촌 숙질간으로 알려져 있다. 대제학, 병조판서, 이조판서를 역임한 율곡의 힘을 빌리면 얼마든지 변방을 돌며 고생하는 삶을 벗어날 수 있었으나 그리 하지 않았다.

또 백의종군 후 아산에 낙향했던 이순신 장군을 전라도 조방장으로

청렴광장(고흥군 도화면) 발포만호 시절, 오동나무 한 그루도 함부로 베어가지 못하게 막은 일화가 전해진다. 이순신의 청렴을 기념하기 위해 조성하였다.

발탁한 전라감사 이광은 이순신의 19촌 조카였고, 율곡 이이와는 8촌 형제였다. 이광은 다산 정약용이 칭찬할 정도로 선정을 펼친 인물이었다. 그는 영흥부사를 마치고 떠날 때 관아에 있던 녹피 수백 장 중에서 몇 개를 행장 속에 넣어주려 하자 극구 사양하다가 강청強請을 받고서야 겨우 한 장을 받았을 정도로 올곧은 관료였다.

그런데 선수는 선수를 알아보는 법. 1588년(선조 21) 전라도 관찰사가 된 이광은 1589년 백의종군 중이던 이순신을 안타까워하여 "그대와 같은 인재가 어찌하여 이토록 굴욕을 당하고 있단 말인가?"라며 조정에 보고하여 그를 전라도 조방장으로 삼아 곤경을 면하게 한 적도 있었다. 율곡과 이광의 촌수에 대해서는 이설도 있다.

이광은 이순신의 19촌 조카뻘이다. 19촌이라고 하면 지금은 완전히 남남으로 생각되지만 예전에는 가까운 사이였고, 10촌이 넘어도 왕래하는 경우가 잦았다. 순신에게나 모친 변씨에게 이들은 얼마든지 이용할 만한 배경이었다. 그럼에도 이순신은 성격상 먼저 다가가지 않았다.

방진의 묘지석에서는 이순신을 중매한 영의정 이준경이 양가를 잘 아는 인물이라고 묘사했지만, 사실 그가 이순신 가문을 잘 아는 이유도 돌고 돌아 친척 간에 알음알음으로 교류했던 면모가 있기 때문이다.

이순신의 작은아버지 이현(이백록의 아들, 이정의 동생)은 김해부사 박영의 사위다.

박영은 무인 출신으로 1491년 원수元帥 이극균李克均을 따라 건주위建州衛를 정벌했다. 박영의 장인은 이세광이다. 연산군의 갑자사화 때 폐비 윤씨에게 사촌 이세좌가 사약을 들고 간 혐의로 사형당할 때 이세

광도 사사당했다. 이세좌의 손자들만 살아남았는데, 그들이 바로 이준경과 이윤경 형제였다. 이준경이 중매뿐 아니라 수하의 정걸과 방진을 연결한 중심추였다는 추론이 나올 만하다.

이처럼 이순신은 이런 인연, 저런 연줄을 얼마든지 이용할 수 있었던 위치였다. 그럼에도 그는 그렇게 하지 않는 절제를 보여주었다. 그런 절제의 품성과 인내, 분수를 알고 자신을 지키는 됨됨이는 어디서부터 나온 것일까?

이순신에게 전해진 가문의 가르침

이순신의 호방함과 권세나 위력에 절대 굽히지 않는 성격은 덕수 이씨 가문에서 이어받은 훌륭한 품성일 것이다. 특히 호랑이 장령 이거 할아버지의 담대한 성품이 이순신에게 그대로 이어진 것이 분명하다.

한편으로 이순신의 자주·자립정신과 절제력, 또 끝없이 몰려오는 역경과 억울한 갖가지 사건과 사태에 대한 정확한 분석과 판단력은 어머니 변씨로부터 온 것이라고 생각된다. 더구나 이순신에게 있어 어머니는 하늘과 같은 존재가 아니던가?

그런 두 모자 사이에 주고받은 마음과 교류를 500년이나 지난 지금에 와서 규명해내기는 쉬운 일이 아니다. 그렇지만 우리는 《난중일기》를 통해 그 일부라도 엿볼 수 있다.

《난중일기》는 훌륭한 역사 기록물이자 한국 전사에도 꼭 필요한 사적·공적 기록물이며, 이순신 모자의 정서적 교류를 엿볼 유일한 기록물이기도 하다.

전해지는 기록물은 없지만, 당시 모친 변씨와 이순신은 《난중일기》 말고도 모자 간에 많은 편지를 주고받았을 것이 분명하다. 《난중일기》 곳곳에도 편지를 주고받았다는 내용이 남아 있다. 여기서 이순신은 어머니에 대한 지극한 사랑과 효성심을 남김없이 드러내며 애틋한 사모곡을 불렀다.

《난중일기》에 나오는 어머니 변씨와의 소통을 정리해보면 모친 변씨와 아들 이순신의 서로를 향한 애틋한 마음을 살펴볼 수 있다. 이 글을 읽는 것만으로도 이순신이 어머니를 하늘이라고 부르는 이유를 깨닫게 되고, 모자 간의 뜨거운 사랑에 대해서도 깊은 감동을 받게 될 것이다. 지금 이 시대의 어느 누구도 이렇게 뜨거운 모자 사랑을 간직한 이들은 없을 것이라고 감히 말하게 된다.

《난중일기》에 드러난 모자간의 사랑

이순신과 어머니 변씨는 편지를 통해 소통했다. 《난중일기》의 편지들을 전체적으로 분석해보면 대개 안부를 묻는 인사 편지가 주를 이룬다. 그리고 그다음은 절기나 생신, 장례 관련 등의 소식이다. 이순신은 특히 모친의 생신인 5월 4일 전후에는 늘 편지를 드렸고, 선물도 보내드렸다. 한편 아버지에 대해 쓴 날짜는 제삿날, 생신날이었다.

그다음은 중요한 일이 벌어진 경우다. 불이 났거나 누군가 아픈 경우에 기록을 남겼으며, 친인척의 사망 기사도 있다.

문제는 순신이 받았거나 보낸 것만 기록돼 있고, 어머니가 받은 편지나 보낸 기록은 없다는 것이다. 서로 편지를 주고받은 정황과 사례가 실려 있으니 분명 쌍방이 서신을 주고받았을 텐데, 전해지거나 보관된 것이 없어 안타까울 뿐이다.

한편 편지를 주고받았던 소통 창구는 인편일 수밖에 없으니, 대개가 동생 우신(여필)이나 아들 회薈와 조카 봉 등, 그리고 변씨 집안의 친인척들이 도맡아 전했다. 또 공무를 집행하거나 심부름을 나가던 인편에 나장[14] 등을 통해 소식을 주고받았다.

예컨대 이런 것이다.

임진년 1592년 1월
1월 초1일 [양력 2월 13일] 〈임술〉 맑다.
새벽에 아우 여필과 조카 봉, 아들 회가 와서 이야기했다. 다만 어머니를 떠나 남쪽에서 두 번이나 설을 쇠니 간절한 회포를 이길 길이 없다.

인편을 통한 소식 전달이다. 여기서는 새해를 두 번 맞을 때까지 어머니와 떨어져 있었다는 고백이다. 정읍에 있을 때는 어머니와 함께 관아에 기거했기 때문에 편지를 주고받을 필요가 없었다. 순신이 좌수

---

14 고을이나 병마사·수사의 영문에 있는 사령.

사로 발령이 나고 여수로 오고 1591년 어머니가 아산으로 돌아가면서 서로 헤어졌을 것이라는 추측이 나온다. 앞의 편지는 두 모자가 제법 오래 서로 떨어져 있었음을 보여준다.

그에게 있어 어머니는 과연 어떤 존재였을까? 이에 대해 재미있는 연구가 있어 잠깐 소개한다.

위 일기의 '간절한 그리움'이라는 표현은, 어머니에 대한 효심을 그대로 보여준다. 무엇보다 어머니에 대한 효심이 깊고 넓었음을 이해하기 어렵지 않다. 어머니가 아프다는 연락을 받으면 '안타깝다', 평안하다는 소식을 들으면 '다행이다'를 반복해서 기록했다. 어머니에 대한 효와 가족에 대한 사랑이 대단히 깊었고, 그것이 그대로 국가에 대한 '충'으로 실현되었던 것이다.

그럼에도 불구하고 임진왜란을 막아낸 장수 이순신이 일기의 시작부터 어머니에 대한 그리움으로 시작되는 것에 대해, 이상하게 생각하는 사람이 많다. 그러나 조선시대 선비들의 언행을 이해한다면 전혀 이상할 일이 아니고, 기본이었다. 국가에 대한 충忠과 부모에 대한 효孝의 실천을 새의 두 날개로 인식하였던 것이다. 따라서 이순신이 일기를 작성하면서 어머니에 대한 간절한 그리움(효심)으로 시작한 것은, 국가에 대한 절대 충성을 다짐하는 강렬한 의지로 읽힌다. 이는 선비가 지켜야 할 덕목으로 첫째가 효, 둘째가 충, 셋째가 인仁이라는 유교 윤리의 실천과 다름없는 것이다. 이러한 이순신의 자세는 충과 효를 인간됨의 기본 덕목으로 삼았던 기준과 다르지 않다.

즉 군자의 어버이 섬김이 효성스러운 까닭에 임금께 충성스러움으로 옮겨진다는(孔子曰 君子之事親孝故 忠可移於君, 『小學』通論) 공자의 말과 일치하는 것이다. 《난중일기》는 개인 일기라는 특성상 전쟁을 맞은 국가의 위기 상황에 대한 고뇌와 사랑하는 부모, 가족에 대한 인간적인 정서가 절절하게 묘사되어 있다.[15]

효의 궁극적인 최종 목적은 결국 충이라는 점에서 수긍이 가는 연구자의 분석이다. 또 그런 관점에서 《난중일기》는 개인의 일기라기보다 모친 변씨와 아들 이순신이 효와 충을 실현하는 관점을 살필 수 있는 귀중한 역사적·문학적 사료라 하겠다.

1592년 1월 초하루 일기 바로 다음에 나오는 어머니의 이야기는 2월 14일(양력 3월 27일)이다. 이날 이순신은 모친에게 편지를 드렸다.

아산 어머니께 문안차 나장 두 명을 내어 보냈다.

한편 《난중일기》에 남아 있는 어머니에 대한 내용의 대부분은 평안하시다니 다행이라는 편지가 주를 이룬다.

물론 상세한 내용에 대해서는 이순신이 자세히 기록하지 않았다. 편지도 보관했겠지만 오래 세월이 지났으니 남아 있지는 않을 것이다.

---

15 김경수, 《〈난중일기〉 속 이순신의 충효관》, 《이순신연구논총》 제33호, 순천향대학교 이순신연구소, 2020, 71~72쪽.

혹시 어느 문중 서고나 문서함에서 잠자고 있을지도 모를 일이다. 필자는 이 편지들이 발굴되어 공개된다면 어떤 문화재 이상의 값어치를 할 것이라고 믿는다.

1592년 임진년 한 해 동안 이순신은 여러 통의 편지를 썼다. 또 이해 4월 초8일에는 어머니께 선물을 보내드린 후 일기를 한 줄 남겼다.

> 아침에 어머니께 보낼 물건을 쌌다. 저녁나절에 여필이 떠나갔다.
> 객창에 홀로 앉았으니 만단의 회포가 어리어온다.

여기서 여필은 아우 우신을 말한다.

여필의 자손에 대한 기록은 없다. 그는 형 이순신이 살아 있을 때 어머니와 조카들을 보살피며 가장을 대신하여 전 식솔을 살피는 중요한 역할을 한 인물이다. 긴 말로 표현하지는 않지만 여필에 대해 안타까워하는 마음이 늘 이순신의 마음 한쪽에 자리 잡고 있었던 듯하다. 이순신 사후에 여필의 기록은 찾기 어렵다.

그리고 조카 봉이 언급돼 있다. 이봉(1563~1650)은 둘째 형 이요신의 아들이다. 1585년 무과에 급제했다. 임진왜란 중에 숙부 이순신 아래서 종군했고 나중에 경상감사, 평안감사, 포도대장을 역임했으니 숙부 못지않은 관재를 타고났다. 이순신은 요신 형을 좋아했기에 이봉에 대해서도 늘 애정을 보여주었다.

《난중일기》에는 조카 봉이라고 쓴 부분만 19번 나오고, 봉이라고만 표기한 것도 많다. 그 뒤에는 한참 동안 편지를 쓸 경황이 없었다. 임진

이우신 묘소 우신은 모친 변씨의 막내아들이고 이순신의 동생이다. 모친을 지극 정성으로 섬겼으며 여수에서 마지막까지 그녀를 지킨 효심 깊은 아들이었다.

이뢰 묘소 이뢰는 찰방 종6품 외관직을 역임했다.

년 봄부터 가을까지 왜적들과 목숨을 건 전투가 잦았기 때문이다.

이듬해 계사년 1593년 2월 22일에 편지는 다시 시작된다.

> 아산에서 뢰와 분의 편지가 웅천 진중에 왔고, 어머니 편지도 왔다.

뢰는 이순신의 큰형 희신의 아들이다. 희신은 양반집 규수인 진주 강씨 집안에서 며느리를 맞아 장남 이뢰李蕾, 이분李芬, 이번李蕃, 이완李莞을 낳았다. 이 중 뢰(뇌)와 분이 할머니와 숙부의 연락책을 맡은 경우가 많았다.

희신의 아들 중에서 이름이 크게 알려진 인물은 분과 완이다. 분은 임진왜란 중 이순신 막하에서 능력을 인정받았고 그 후에 1608년 별시 문과에 병과로 급제해 형조좌랑, 병조정랑이 되었으며 이순신의 일대기를 기록한《충무공행록》의 저자이기도 하다.

5월 초4일은 어머니 변씨의 생신날이다. 이순신은 이날 가슴에 회포를 품고 일기를 쓰며 답답해했다. 1593년에는 모자간의 만남이 제대로 이루어지지 않았다.

> 오늘이 곧 어머니 생신날이건만 이런 적을 토벌하는 일 때문에 가서
> 축수의 잔을 올리지 못하니, 평생 한이 되겠다.

《난중일기》는 이처럼 이순신의 공적인 입장뿐 아니라 사적인 입장

과 감정들을 그대로 드러내 보여준다. 한편으로는 자신이 어쩌지 못하는 전황에 대한 애통함과 조정의 무능함에 대한 울분으로 속상한 마음이 여실히 보인다.

2부 정리편

여기까지 본문을 읽으신 독자분들에게 필자의 생각을 정리해 드리기 위해 본문 요약의 별도 장을 만들어보았다.

◎ 자식을 입신 출세시키기 위한 모든 유리한 조건이 서울에 있었음에도 모친 변씨는 자신의 고향으로 집안의 이거를 결정한다.

◎ 현재 서울살이로는 재정난으로 인해 양반가의 체면을 잃을 수 있을 만큼 어려워질 수도 있었다. 그럼에도 지독한 가난을 겪었다는 해석은 무리다.

◎ 가장 중요한 것은 당시 양반가에 떠돌던 소문을 지워버릴 필요도 있었다는 점이다. 몰락한 가문이라는 부정적 평판을 지우고 새로 시작하자는 생각이 들었을 것이다. 특히 초계 변씨의 집성촌이 있고, 자신의 아버지 할아버지 형제가 있는 친정 아산으로 가서 몸을 기탁하자는 생각을 했을 것이다.

◎ 아산 시곡은 대대로 변씨 가문의 터전이 있었던 곳으로 사림의 지지가 있는 곳이었다. 또 대대로 현감 이상의 벼슬을 한 명문 가문이었고 순신의 집안이 아산으로 이주할 즈음에는 무관직에 진출해 있는 이들도 있었다. 순신의 외가에는 무인의 핏줄이 전해 내려오고 있었던 것이다.

◎ 명종 인종 때 위세를 떨쳤던 영의정 이준경이 순신의 앞날을 도와주고자 보성 군수를 지낸 방진의 집안과 연결하며 중매를 선다.

◎ 이준경은 순신의 조부 이백록과 방진의 부친과 과거 시험 급제 동기생이었다. 덕수 이씨 가문을 알고 아산 방씨 가문도 잘 아는 이준경이, 비록 집안은 2대째 벼슬을 하지 못했으나 우수한 인재였던 이순신을 방씨 집안 딸과 이어줘 장차 국난에 대비코자 한 것이다.

◎ 이준경은 예지력이 뛰어난 인물로 수하에 있던 정걸 장군에게 판옥선을 만들게 하고 왜란을 예견해 선조에게 유언까지 남겼던 청백리 명재상이었다.

◎ 이처럼 모친 변씨가 이끌고, 이준경·방진·정걸이 뒤를 받쳐주어 영웅 이순신을 탄생케 했다.

◎ 장인 방진은 사위 순신을 무과로 이끌며 활쏘기를 가르친 국궁의 명인이었다.

◎ 모친 변씨는 셋째 아들 순신이 급제 후 변방으로 돌고 있을 때 가문을 지키며, 기울어져 가던 집안을 철저한 재무관리를 통해 다시 일으켜 세웠다. 또 〈별급문기〉로 모든 재무 기록을 자세히 남겨두었다.

이를 통해 변씨의 철저하고 꼼꼼하며 청렴하고 독립적인 재무 능력을 엿볼 수 있다.

◎ 그사이 둘째 아들 요신이 병으로 사망하고 남편 이정이 세상을 떠났으며 맏아들 희신마저 사망했다. 게다가 아산 이거 후 살아왔던 집도 화재로 잃어버렸다. 이런 어려움을 겪으면서도 그녀는 좌절하지 않았다. 물러서지도 않았고 현실을 부정하지도 않았다. 오로지 남은 아들 순신과 우신, 그리고 손자들을 더 아끼고 위하며 새로운 터전을 만들기 시작했다.

◎ 그런 독립심과 대쪽 같은 성격이 아들 순신에게 그대로 전해져, 누구도 흉내 내기 어려운 청렴한 공직자 순신을 낳게 했다.

◎ 결국 모친 변씨는 이순신의 기둥이었고 하늘이었다.

오직 아들의 승전을 위해
여수로 이거하다

여수 송현동에서의 마지막 여정

여수 송현동은 모친 변씨가 마지막 생을 치열하게 살았던 구국의 현장이다. 여든이 된 노인에게 '구국의 현장'이라는 말을 쓸 수 있겠나 하는 독자들도 있을 것이다. 하지만 필자는 모친 변씨가 여수에 기거했던 5년이야말로 이순신의 삶에 가장 큰 영향력을 미쳤던 중요한 시기였다고 생각한다.

자세한 기록은 역사적 추적이 불가능하지만 《난중일기》와 주변 인물들의 기록으로 미루어볼 때 모친 변씨가 이곳에서 이순신의 승전을 간절히 염원하고 기도하며 정신적 안정을 지켜준 덕분에 이순신의 23전 23승이 가능했다고 볼 수 있다.

특히 필자는 명량해전과 노량해전의 경우 전투를 하지 않았어도 될 상황이었다고 판단한다. 피하면 그뿐인 것을 중과부적임에도 끝까지

왜군들을 격멸하며 전투를 수행한 에너지야말로 어머니로부터 비롯된 것이라고 생각된다.

어머니가 돌아가신 날, 이순신은 자신도 죽은 것이나 마찬가지라고 생각했을지 모른다. 그래서 나머지 인생은 덤으로 생각한 것은 아닐까?

모친 변씨는 이순신이 무고로 잡혀 들어가 한양으로 압송됐을 때 당연히 자신이 죽고 아들이 살기를 바랐을 것이다. 그리고 결과적으로 변씨는 한양으로 가는 배 안에서 병사하고, 아들은 풀려나오게 되었다. 이순신으로서는 그만큼 억울하고, 또 어머니께 말로 할 수 없는 죄송한 마음이 들었을 것이다. 그는 반대로 자신이 죽고 어머니가 살아야 한다고 느끼지 않았을까? 적어도 자신의 억울한 감옥살이만 아니었으면 모친이 다만 몇 개월이라도 더 살 수 있었을 것이라고 생각했을 것이다.

또 그에게 있어 충은 곧 효이며, 효는 곧 충이었다.

그래서 필자는 절대 승전이 불가능한 명량의 상황에서 이순신이 이길 수 있었던 에너지는 어머니의 목숨값을 반드시 돌려받겠다는 복수의 의지와 어머니의 한을 풀어드리고야 말겠다는 강한 집념이 빚어낸 것이라고 생각한다. 그 구체적 상황을 《난중일기》와 그밖의 기록들을 통해 살펴보자.

1593년은 한반도에서 임진왜란 중에 여러 가지 극적 변화가 일어났

〈부산진순절도〉 1592년 4월 13일과 14일에 벌어진 부산진 전투 장면이다. 고니시 유키나가가 이끄는 왜군이 부산진을 공격하여 벌어진 전투. 임진왜란 때 왜군과 싸운 첫 싸움으로 부산진 첨사(釜山鎭僉使) 정발 등이 전사하고 성은 함락되었다. (보물 제391호, 육군박물관 소장)

사진1. **제승당** 한산도에 삼도수군통제영을 설치한 이순신이 부하 장졸들과 작전계획을 협의하던 곳이다. 원래는 운주당으로 불렸다.

사진2. **전라좌수영의 진남관**(보수공사에 들어가기 전 모습) 좌수영 휘하 장졸을 지휘하던 사령부였다.

던 해였다. 전쟁이 소강상태로 들어서면서 이해 3월 23일, 선조도 의주에서 평양성으로 돌아왔다. 4월 18일부터는 왜군이 서울에서 철수하기 시작했다. 이해 7월 14일에 여수 진남관이 있던 좌수영에서 한산도로 이진했다. 전략전술지휘부를 통제영으로 이동한 것이다. 변씨는 8월 15일에 아들 이순신의 삼도수군통제사 임명 소식을 들었다. 이순신이 49세, 어머니가 78세 되던 해였다. 삼도수군통제사 임명장은 10월 9일에 받았다.

아들과 몸은 더 멀리 떨어졌으나 변씨로서는 아들의 무과 급제 후 가장 기쁜 소식이었을 것이다. 둘째 아들 요신이 초시에 합격했을 때에도 그렇게 기뻐했던 모친이었다. 한달음에 달려가고 싶지만 천 리 길에 노령의 몸으로 홀로 움직일 수는 없었으니, 답답하고 안타까운 마음도 들었을 것이다.

편안함을 물리치고 애써 아들 곁으로

변씨는 종국에는 '내가 여수로 가자. 내 아들이 나를 그리워하고 걱정하게 하지 말고, 고달파도 내가 고달파야 하고 힘들어도 내가 힘드는 게 낫다'고 판단했을 것이다. 그래서 드디어 단독으로 여수행을 결심했다. 그러면 언제 여수로 옮겼을까?

이 결정은 보통 사람이라면 하기 어려운 결단이었다. 이미 변씨의 나이는 79세다. 그대로 아산에서 살면서 며느리 방씨의 도움과 손자들의 보살핌을 받아 편안하게 살고도 남을 고령이 아니던가. 그런데 편안함을 물리치고 아들을 위해 그 먼 거리를 달려가기로 한 것이다. 주변에서 반대가 이만저만이 아니었을 것은 분명한 일이다. 특히 손자와 막내아들 우신은 결사 반대했을 것이다.

지금도 여든이 다 된 노인이 먼 거리를 여행하는 것은 여간 어려운 일이 아니다. 자칫 무리하다가 큰 변을 당할 수도 있다. 더군다나 교통편이 문제였다. 어떻게 갈 것인가 하는 문제는 변씨를 섬기는 아들과 손자들에게는 큰 과제였다.

이 시기의 《난중일기》를 자세히 살펴보면 모친 변씨의 여수 이거 일정과 과정을 짐작할 수 있다.

1593년 5월 18일의 기록은 사내종 목년이 해포蟹浦로부터 왔는데 어머니가 평안하시다는 소식을 듣고 곧바로 답장을 써서 돌려보냈다고 나와 있다.

> 5월 18일
> 게바위에서 종 목년이 해포에서 올라오고 어머니 안부도 들고 왔다.
> 곧 답장을 써 돌려보내며 미역 다섯 동을 집으로 보냈다.

이때의 안부 편지는 아산에서 온 것이 확실하다. 해포라는 지명이 열쇠가 된다.

그런데 해포는 어디일까? 해포는 조선시대에 울진이 게가 많이 난다고 해서 울진 바닷가에 붙여진 이름이라는 기록도 있지만, 아산과는

게바위의 현재 모습 아산 인주면 해암2리에 있는 사적이다. 감옥에 갇힌 아들 순신을 직접 만나려고 모친 변씨가 배를 타고 출발했다가 싸늘한 시신이 되어 돌아온 곳으로, 지금은 육지로 변했다.

너무 거리가 있다.

또 해포는 영의정을 지냈던 이산해의 고향 바닷가 이름이라고도 알려져 있다. 그러나 그는 충청도 보령이 고향이다. 보령도 아산에서 너무 멀다. 종 목년이 아산에서 출발해 보령을 거쳐 왔다고 보는 것은 무리다. 이 때문에 박혜일 교수 등이 지은 《이순신의 일기》[1]에서는 해포가 아산시 인주면 해암리라고 기록했다. 이곳은 게바위가 있는 곳으

---

1 박혜일·최희동·배영덕·김명섭, 《이순신의 일기 난중일기》, 시와 진실, 2016, 111쪽.

로, 가장 적합한 곳이다. 한자 지명과도 맞아떨어진다. 그렇다면 아직 모친 변씨는 아산에 있다고 봐야 할 것이다.

이때 변씨는 이미 여수행을 결심한 것이 분명하다. 우리가 지금과 같은 21세기의 시선으로 바라볼 수는 없는 일이다. 당시 이 문제는 온 집안의 중요한 걱정거리이자 관심사였을 것이다. 모친 변씨의 여수 이사에 대해서는 이순신과 모친이 충분한 논의를 거쳐 행한 것이지, 모친 단독으로 급히 서둘러 이사를 진행한 것이 아니라고 봐야 할 것이다. 노년의 어머니가 이사하는 데 아들 이순신이 얼마나 꼼꼼하게 챙겼을까를 짐작해보면 알 수 있는 일이다.

한편 막내아들 우신에게는 고령의 어머니가 안전하게 이동하는 것이 가장 큰 과제였을 것이다. 그러니 어떻게 해야 고령의 어머니가 편안하게 무리 없이 가실 수 있을까를 고민하고 또 고민했을 법하다.

아산에서 변씨가 출발한 일자는 언제였을까?

이해 6월 초하루에 어머니로부터 편지가 왔는데 이순신은 편지를 보고 평안하시다니 다행이라며 일기에 거푸 썼고, 아들의 편지와 조카 봉의 편지가 한꺼번에 와서 기뻐하는 모습도 보였다. 나대용, 김인문, 방응원과 조카 봉도 와서 그 편에 어머니가 평안하심도 알았다고 썼다.

그러면 이날 변씨의 안부 편지는 어디서 쓴 것일까? 아니, 그때 변씨는 어디에 거주하고 있었을까?

6월 초하루의 편지에서는 아무런 단서도 얻을 수 없다. 다만 조카 봉이 소식을 들고 온 것이라 아산일 가능성이 있고, 다른 한편으로는 이미 송현마을로 왔기 때문에 거기에 봉이 들러서 왔을 수도 있다.

이 시기에 이순신은 아마도 여수 전라좌수영에 있었을 것으로 생각된다.

한편 당시 어머니 변씨는 79세쯤 되었으니 직접 손 편지를 쓰지는 못했어도 하고 싶은 말을 대서해서 보낼 수는 있었을 것인데, 이렇게 모자간에 편지를 주고받았는데 지금 전해지는 것이 없으니 안타까울 뿐이다. 그 속에는 얼마나 많은 아들 사랑과 당부와 염려가 담겨 있었을 것인가?

> 6월 6일 맑았다 비가 내렸다 했다.
> (전략) 저녁에 영 탐후인이 왔는데 "어머님이 평안하시다"고 했다.

여기서 영은 전라좌수영이다. 좌수영에서 탐후선을 타고 다니며 현지 연락을 담당하는 사람이 탐후인이다. 그가 와서 좌수사의 어머니 변씨가 평안하다고 전해준 것이다.

그러니 모친 변씨는 이미 아산서 이사를 하고 여수 고음내에 도착해 있음을 알 수 있다. 넓게 보면 1593년 5월 18일 이후부터 6월 6일 사이에 여수로 이사한 것으로 보면 된다.

압해 정씨 가문의 역사를 취재한 '오백년사편찬위원회'는 이에 대해 이렇게 썼다. [2]

---

2 오백년사편찬위원회, 《압해정씨 창원과 월천공문중오백년사》, 211~212, 246~248쪽.

사진1. **자당 기거지** 모친 초계 변씨가 실제 기거하던 곳으로 유적 자체는 멸실되었고 현재 위치에 기와집을 지어 당시 상황을 재현했다.

사진2. **자당 기거지 부엌** 당시 상황을 살펴 부엌 모습을 재현해두었다. 조선 후기 부엌의 모습을 살려낸 것이다.

사진3. **전(傳) 유물** 이 유물은 모친 변씨가 당시에 쓰던 물건들로 전해진다. 자당 기거지 안에서 유일하게 전해오는 실존 유물이다.

임진왜란에서 정유재란까지 7년여간의 길고 지루한 전란을 겪으면서도 충무공 이순신의 어머니 초계 변씨와 그의 손자 4명을 5년여간이나 월천공 정계생의 증손 정대수의 집에 기탁받아, 온 집안이 나서서 이들을 보살펴주었기 때문에 효성이 지극했던 이순신이 가족 걱정을 하지 아니하고 전쟁에 전념할 수 있었다. (이하 생략)

정대수丁大水 집안이 이순신의 모친 초계 변씨를 보호하고 거처를 주며 지킨 것은 분명한 사실이다. 여수 송현마을에는 지금도 모친이 살던 '자당 기거지'가 그대로 재현돼 있다.

통제사 이순신도 1596년 윤8월에 도체찰사 이원익에게 보낸 서찰에서 "저는 늙으신 어머니가 올해 나이 여든하나인데 임진왜란 초기에 모두들 재앙을 함께 당할까 두려워했습니다. 운 좋게라도 구차히 몸이라도 보존하고자 마침내 온 가족이 배를 타고 남쪽으로 내려와 순천 땅에 임시로 머물게 되었습니다"라고 쓴 적이 있다. 갑작스런 이사에 모자가 합의하여 여수에 임시 거처를 정한 정황이 엿보인다.

또 이는 아산에서 배를 타고 내려온 것임을 증거하는 구절로도 볼 수 있다. 당시에는 육로가 발달하지 않았기 때문에 노인이 걸어서 올 수도 없고, 수레를 이용하는 것은 당시로서는 불가능했기 때문에 자연스레 선박을 이용했을 것으로 짐작된다. 또 이 바닷길을 당시에 이용해보았기 때문에 후일 이순신이 하옥되자 모친은 육로가 아닌 바닷길을 이용하는 것이 좋겠다고 느꼈을 것으로 짐작하는 것이다.

정씨 가문의 기록을 담은 〈오충사지〉에는 "충무공이 정읍에서 좌수

송현마을 전경 바로 앞에 보이는 것이 오충사 모습이다. 고개를 들면 송현마을과 여수 앞바다 전체가 눈에 들어오는데, 지금은 아파트와 빌라 단지들로 인해 가려졌다.

영으로 부임하면서 성생원成生院에 이르러 "좌수영 본영 근처에 사대부 집안이 있느냐?"라고 군관에게 묻자 "옛날 간성댁이 고음천에서 살고 있습니다"라는 대답을 듣고 곧바로 사람을 시켜 간성댁 족장 격인 청은공 정철을 만나 노모와 가족을 부탁했고 청은공 집안에서 충무공의 부탁을 받아들여 가족의 거처를 마련하고 보살펴주어서 양가의 인연과 의리가 마련되었다"고 기록하고 있다.[3]

정계생丁戒生은 중종 때 문과에 급제하여 이조좌랑까지 올랐다. 기묘 사화를 맞아 상소문을 올렸으나 받아들여지지 않자 1519년(중종 14) 전

---

3 같은 책, 247~248쪽.

라북도 남원에서 여수시 웅천동 송현마을로 은신했다. 웅천동이 바로 고음내이다. 이로부터 여수 창원 정씨 가문이 시작된다. 정계생은 간성군수를 지냈기에 간성댁으로 불렸다고 전해진다. 간성은 강원도 고성 지역의 옛 지명이다.

한편 성생원은 역 이름이다. 여수 율촌면 신풍리에 있던 여관이며 삼국시대부터 공문서의 전달과 여행 중인 관리의 숙박, 또는 관물의 운송을 담당했다. 병조의 소관으로 관할 역에는 찰방이 있고 찰방역에는 몇 개의 역이 소속되어 있다.

지리상으로는 《증보문헌비고增補文獻備考》에 나오기를 "순천에서 성생원까지 40리, 성생원에서 좌수영까지 40리라 하였으며, 조선 중기 이후에는 순천에서 좌수영 가는 길이 변경되었다. 《대동지지大東地志》에서는 순천에서 성생원까지 40리, 성생원에서 석보창까지 20리, 석보창에서 좌수영까지 20리라 하였다. 좌수영에서 서울까지는 870리이다"[4]라고 하였다.

정씨 문중사에는 또 이런 글이 들어 있다.

> 우리 문중에는 이순신의 가족이 정읍에서 여수로 이사 올 때 정철과 정대수 할아버지 두 분이 정읍에 가서 이순신의 가족을 안내하여 여수로 왔다는 이야기가 구전되어왔으나 기록이 없고 오충사지 기록과도 부합하지 않아 믿기 어렵다.

---

4 한국향토문화전자대전(grandculture.net), 성생원 〉 관련기록 항목 참조.

사진1. **여수 선소** 두 척의 거북선이 정박할 수 있도록 설계된 곳으로, 선박의 유지와 보수, 건조를 위한 조선소와 정비창의 역할을 했다. 자당 기거지로부터 비교적 가까운 곳이다.

사진2. **선소 밖의 바다 모습** 빙 돌아 들어오는 협소한 바닷길로 인해 외해에서는 전혀 선소의 존재를 알 수 없었던 천혜의 선소이다.

사진3. **세검정과 수군기** 선소 바로 옆에서 무기고와 함께 무기를 정비할 수 있는 곳이었다.

가문 스스로도 전해오는 이야기에 신빙성이 없다고 보는 것이다. 이 때문에 모친 변씨가 정읍에 있다가 여수로 온 것으로는 생각할 수 없고, 아산 본가로 돌아갔다가 다시 배를 타고 여수 고음천으로 내려왔다고 보는 것이 일리가 있다.

당시 웅천 송현마을은 창원 정씨 동족 마을이었고, 이순신이 가족을 기탁한 집은 여수 입향조 월천 정계생의 4대 종손 정대수의 집이다. 정씨 가문의 기록에는 이렇게 나와 있다.

> 이순신 일가 3대가 임진왜란에서 정유재란까지 7년 전쟁 기간 중 1593년 5월 18일부터 6월 1일 사이에 창원 정씨 집성촌 송현마을로 이사 와, 1597년 4월, 초계 변씨가 사망하기 직전까지의 5년 이상을 이곳 송현마을에서 창원 정씨 일문의 보살핌을 받으며 피난 생활을 하였다.

여기서 3대라 함은 모친 변씨와 순신의 동생 우신, 그리고 조카들을 말하는 것이다. 6월 1일부터라고 기록한 것은 앞에서 본 대로 그럴 수도 아닐 수도 있으나 6월 6일은 확실하다.

정씨 문중사는 또 이렇게 덧붙였다.

> 어머니 초계 변씨가 창원 정씨 마을 송현에서 피난 생활을 하는 동안, 동생 우신을 비롯한 가족 모두와 목년, 한경, 옥지 등 관노, 그리고 효대, 옥이, 순화 등의 관비가 수없이 이곳을 내왕하였는데, 이 많

은 내왕 인사를 맞고, 안내하고, 보내고, 활동을 지원해주는 일도 이
마을 주인 격인 창원 정씨 가문의 역할 중 하나였다.

이 문중사에 나오는 기록을 우리가 신뢰할 수 있는 것은 모친 변씨
가 남긴 〈별급문기〉에도 종의 이름이 같이 나오기 때문이다. 특히 순
화라는 종은 1576년 〈별급문기〉에서 순신에게 분급된 종이고 흥양(고
흥)에 거주하고 있었기에, 그가 연락 업무를 맡은 것을 알 수 있다.

다만 관비라고 적힌 부분은 좀 다르다. 또 '효대'라는 종도 요신에게
분급한 영광 출신 '봉대'의 오기가 아닌가 싶다. 어쨌든 실제로 낯선 땅
에 온 변씨 일가로서는 정대수 집안의 도움이 큰 힘이 되었을 것이 분
명하다.

정대수 가문의 후원과 지지

충정공忠貞公 정대수는 이순신의 모친 변씨를 5년간 지극 정성으로
돌본 인물로 길이 기억된다. 이 지역은 이순신과 모친이 암묵적으로
합의한 것처럼 지리적으로 또 전략적으로 대단히 안전한 곳이다.

전라좌수영 본영과 시전동 선소와도 아주 가깝고 관할 5포의 진 중
심지역에 있다. 어느 쪽으로든 쉽게 보호받을 수 있고 피신할 수도 있
는 곳이다. 특히 동쪽으로는 전라좌수영 본영이 위치해 있고, 돌산의
방답진이 있어 안전한 방패막이가 된다.

발포진성 지금의 고흥인 흥양에 있던 5관 5포의 하나로, 전라좌수영의 전략적인 요충지였다.

　서쪽의 바다 건너편은 고흥 지역이다. 당시로서는 흥양이다. 여기에 사도진, 여도진, 발포진, 녹도진이 떡하니 버티고 있고 특히 발포진은 발포산성과 선소 등으로 구성돼 발포만호를 역임했던 이순신에게는 아주 특별한 곳이다.

　이런 안전한 지리적 이점으로 인해 이순신은 어머니의 안위를 염려하지 않고 5년여 동안 공무에 집중할 수 있었다. 또 후일 삼도수군통제사를 겸임할 때도 어머니의 거처를 따로 옮기지 않을 정도로 이곳을 신뢰했다. 정대수 집안의 어른들이 모친을 잘 돌봐줄 것이라고 여겨 옮기지 않았고, 수시로 한산도에서 송현마을로 사람을 보내 안부를 확인했다. 게다가 전라좌수영과 우수영 방문 때마다 여수를 거쳐 갔기 때문에, 그로서는 어머니가 이곳에 머물러 있는 것이 가장 안전하다고 여겼을 것이다.

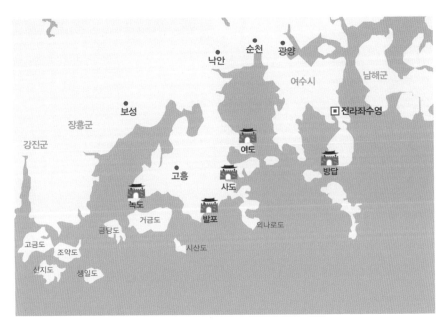

전라좌수영 5관 5포의 위치 임진왜란 당시 남해안 제해권을 장악해 일본군을 격파하고 지키던 전라좌수영의 주요 기지. 충무공 이순신이 전라좌수사였던 시절, 본영은 여수에 있었고 관할 군·현은 순천도호부, 낙안군, 보성군, 흥양현, 광양현 등으로 이를 5관이라고 부른다. 수군행정구역은 5개의 수군 진포(鎭浦)가 맡았는데 사도진, 방답진, 여도진, 녹도진, 발포진 등을 5포라 부른다. 이순신은 발포만호를 역임했다.

　　충정공 정대수는 1565년 5월 5일생이다. 이순신보다 20년 아래의 나이다. 어머니가 아들을 낳기 전 큰 시내를 건너는 꿈을 꾸고 그를 낳았는데, 큰 물이란 뜻으로 대수大水라고 이름 지었다고 한다. 그는 1588년 정춘丁春, 정린丁麟 등과 함께 무과에 급제하여 선전관이 되었다가 임진왜란을 맞았다. 그는 왜란이 발발하자 정철丁哲, 정춘 등 친척들과 함께 자신이 가진 가재를 쾌척했는데, 바다와 배에 익숙한 의병들을 모집하여 이들을 데리고 좌수영에 들어가 수군의 주요 인력자원이 된 것이다.

그는 줄곧 전투에 적극 참여했고, 이 공로로 1593년 충무공 휘하에서 순초장巡哨長이 되어 남해안 5포(사도, 방답, 여도, 녹도, 발포)와 전장을 순행하였고 민심과 적정을 제공하는 임무도 맡았다고 기록되어 있다.

또 1593년 2월에는 노량해역을 순찰하다가 왜선 3척을 발견하여 불사르고, 왜병 포로를 잡아 심문한 끝에 웅포에 적들 수백 명이 은거하고 있다는 사실을 알아내 이를 보고하였다. 그 덕분에 이순신은 작전을 펼쳐 웅포 해안에서 왜병 100여 명을 사살하는 전과를 올렸고 이를 조정에 보고해 정대수를 당진현감으로 제수케 했다.

정철에 대해서는 많은 정보가 알려져 있지는 않으나 김영환의 연구가 도움이 된다. 이 논문[5]에 따르면 정철은 본관이 창원으로 여천 쌍봉면 웅천리에서 태어났다. 그는 1585년 무과에 급제해 수문장으로 있었는데 이순신이 정읍현감에서 전라좌수사로 취임할 때 어머니를 모시고 성생원에 머무르면서 그에게 가사를 부탁하자 종질 대수와 함께 이곳에 거처하게 함으로써 양가의 교류가 시작되었다.

임진년 4월에 왜적이 침입하자 동생 정린, 종제 정춘과 정대수 등과 재산을 내놓고 의병을 모집하여 이순신의 휘하로 들어갔다. 5일 진격에 참가하여 우위장으로 정운 송희립과 자주 전공을 세우니 초계 군수로 특진했다. 다음 해 6월 진주성이 함락되자 이순신은 그와 순천부사 김언공金彦恭에게 흩어진 적을 추격케 했으나 왜적의 반격으로 김언

---

5 김영환, 〈이순신의 해전과 호남인의 애국정신 - 애국인사들의 행적을 중심으로〉, 《정치정보연구》 7권 2호, 한국정치정보학회, 2004.

사진1. **오충사 내부 위패** 이순신 장군과 용감했던 정씨 문중 네 장수의 위패를 모신 곳이다.

사진2. **오충사 외부 모습** 여수 송현마을에 위치해 있다.

공은 퇴진하고 그는 포위망을 벗어나지 못해 2일이나 악전고투한 끝에 곽재우가 구출했다. 그때 정철이 상처를 입었는데 치료를 마치고 1595년 10월 부산으로 진격하여 전투 중에 동생 정린과 적탄에 맞아 전사했다.

정대수는 충무공과 같이 노량해전에 참전했는데 충무공이 전사할 때 자신도 중상을 입어 집에 돌아와 상처를 치료했으나 끝내 치유하지 못하고 이듬해 1599년 1월 18일 순국하고 말았다. 조정에선 그를 애석히 여겨 선조가 선무원종 1등 공신으로 서훈했고 시호를 충정忠貞이라 내렸다. 그러나 이런 공로보다 그의 행적이 더욱 빛나는 것은 그가 이순신의 노모 초계 변씨와 가족을 기탁받아 5년이 넘게 피난 생활을 보살펴주었다는 점이다.

1847년 헌종 때 이 지역에 4충사를 병설하고 정철, 정춘, 정린, 정대수 등 임진왜란의 네 충신을 배향했는데, 대원군의 서원 철폐 때 함께 없어졌다가 1923년 충무공 이순신을 주향으로 모시고 4충신을 함께 배향한 오충사를 세웠다. 1939년 일제 식민지 시절 일본 경찰이 항일의 상징 오충사를 강제 철거했으나 1962년 복권되었고, 1976년 중건되어 오늘에 이른다.

서로 못 보고는 못 사는 각별한 애정

모친 변씨가 이렇게 여수 송현동으로 이사를 와서 안정적인 노후를 보내게 된 것은 분명한 사실이다. 정씨 집안의 도움과 아들 손자의 뒷바라지가 큰 힘이 되었을 것이다.

1593년 6월 12일의 편지는 이순신이 얼마나 어머니를 의식하고 살았는지를 극적으로 보여준다. 양력으로 7월 초에 해당되는 이날 이순신은 자신의 흰머리를 보며 개탄했다. 나이 먹고 흰머리가 나는 것은 어쩔수 없는 일이나 어머니가 그것을 보며 가슴 아파할 것이 오히려 염려되었던 모양이다. 그야말로 그 어머니에 그 아들이다.

> 아침에 흰 머리카락 십여 가닥을 뽑았다. 그런데 머리가 희어지는 것
> 이야 어떠랴마는 다만 위로 늙으신 어머니가 계시기 때문이다. 종일
> 홀로 앉아 있는데, 사량만호(이여념)가 와서 보고는 돌아갔다. 밤 열
> 시쯤에 변존서와 김양간이 들어왔다.

변존서는 앞에서 언급했듯 그의 외사촌이다. 진중에 있으면서 공무로 오갈 때마다 고모 변씨의 소식을 듣고 전해주러 들어왔으리라. 모친이 사랑하던 조카라 이순신도 각별히 《난중일기》 몇 곳에서 그를 언급했다. 또 다른 조카 변유헌도 언급했는데 6월 19일 이씨 조카 봉과 변씨 조카 변유헌 두 사람을 본영으로 보내어 어머니의 안부를 알아오게 했다고 썼다.

갑오년 1594년 1월에는 음력 설날 갑자기 폭우가 쏟아졌던 모양이다. 이렇게 한 줄을 덧붙였다.

1월 초1일 비가 퍼붓는 듯 내렸다.

어머님을 모시고 같이 한 살을 더했다. 전쟁 중이라도 행복한 일이구나.

이미 어머니는 고음내에 와 계시고 자신은 통제영에 있으나 늘 자주 문안을 들으니 그것만이라도 행복한 모습이었다. 이순신은 진중에서 어머니 소식을 듣는 것만으로도 사소한 행복을 느꼈던 것 같다. 적군을 쳐부수고 서로 죽이고 죽는 전장의 지휘부에서 어머니가 큰 위안이 되는 모습이다.

"아들이 기쁠 수만 있다면…"

초계 변씨가 노령에도 불구하고 홀로 여수로 내려와 기거한 깊은 뜻도 바로 여기에 있었다.

"내 아들이 기쁠 수만 있다면 무슨 일이든, 어디라도 나는 감당할 것이야!"

이렇게 다짐하고 호령하는 모친 변씨의 모습이 그려지지 않는가?

그해 1월 11일과 12일에 드디어 모자간의 해후가 이루어졌다. 흐리되 비는 오지 않았던 이날, 작정하고 이순신은 어머니를 찾았다. 이날의 기쁨을 이순신은 간략하게 일기로 소개했다. 아마도 그 순간을 길이 기억하고 싶었을 것이다.

아침에 어머니를 찾아뵈려고 배를 탔다. 바람 따라 한달음에 곰내(고음내; 웅천)에 이르렀다. 남의길, 윤사행, 조카 분이 함께 가서 어머니를 뵙고 인사를 드리려 했더니 어머니는 여전히 주무시며 일어나지 않으셨다. 큰 소리로 불렀더니 놀라 깨어 일어나셨다. 기력은 약하고 숨이 금방 끊어지실 듯 해가 서산에 이른 듯했다. 남몰래 눈물이 흘러내렸다. 하시는 말씀에는 어긋남이 없으셨다. 적을 무찌를 일이 급하여 오래 머물 수가 없었다.

한산도에서 말을 타고 이동할 수도 있겠지만 육상으로는 거리가 제법 멀어, 이순신은 일부러 배를 타고 움직였을 것이다. 전라좌도 수군절도사 겸 삼도수군통제사의 거동이 외부로 알려질까 염려하는 면도 있었을 것이고, 백성들 앞에서 말 타고 달려감으로써 불안감을 조성할 수도 있다는 배려도 있었을 법하다. 또 수군이니 당연히 배가 편했을 것이다. 이순신은 배에서 잔 적도 많았으니 말할 것도 없을 것이다.

이날 하루를 어머니 곁에서 위로해드리고 잠까지 같이 잤으니, 더 이상 이룰 소원이 없을 만큼 모자간에 회포를 풀었다.

가서 나라의 치욕을 크게 씻으라

다음날(1월 12일)은 다행히 맑았는데 모친도 아들도 헤어지기 싫었을 것이다. 하루만, 아니 단 한 시간만이라도 더 머물고 싶다는 간절함이 모자 사이에 흘러넘쳤을 것 같다.

그럼에도 현실에서는 단호한 이별이었다. 통제사로서의 직임이 사적인 정보다 중요한 것이니 말이다.

> 아침식사를 한 뒤에 어머니께 돌아가겠다고 인사를 고하니, "잘 가거라. 부디 나라의 치욕을 크게 씻어야 한다"고 두 번 세 번 타이르시며, 떠나는 것을 싫어하며 탄식하지 않으셨다. 선창에 돌아오니, 몸이 좀 불편한 것 같다. 바로 뒷방으로 들어갔다.

한반도 어머니들 가운데 이런 어머니는 없을 것 같다. 노령에, 이 상황에서는 헤어지기 싫어하며 매달려야 할 상황일 텐데, 초계 변씨는 의연했다. 가장 극적인 이 장면은 《난중일기》 중에서도 길이 기억될 만하다.

어머니는 아들에게 "사랑한다, 아들아. 몸조심해라"라고 이야기하지 않고 "부디 나라의 치욕을 크게 씻어야 한다"라고 간절히 당부했다. 이 극적인 장면을 읽으며 필자는 진한 감동과 눈물을 숨길 수 없었다.

이렇게 보면 초계 변씨야말로 이 나라의 가장 위대한 어머니이자 충성하는 어머니의 표상이라 할 것이다.

1월 27일에는 어머니와 여필의 편지가 도착했는데, 이 또한 이순신에게는 큰 기쁨이었을 것이다. 이날 수사 원균의 군관 양밀이 제주 판관의 편지와 마장·해산물·귤·유자를 가지고 오자 그는 즉시 어머니께 보내드렸다. 좋은 것, 맛난 것을 어머니께 드리고 싶은 마음은 효자들의 공통된 마음이다. 변씨가 아들의 선물을 받고 얼마나 기뻐했을지도 눈에 선하다.

3월 25일에는 모친 변씨에게도 아들 순신에게도 가슴에 상처가 될 소식이 들려왔다.

저녁에 아우 여필, 아들 회, 변존서, 신경황이 와서 어머니 안부를 자세히 들었는데 이날 선산이 모두 산불에 탔다는 소식을 듣고 가슴 아파했다. 이 모습도 일기에 적혀 있다. 변씨로서는 선산을 지키며 며느리와 함께 있었어야 했는데, 전선에 아들 곁에 와서 가문의 어른 역할을 다하지 못한 것에 깊은 회한을 느꼈을 법하다.

다음은 5월 초2일 어머니 생신(4일)을 앞둔 모습이다.

새벽에 회는 계집종 등과 더불어 어머니 생신에 상 차려드릴 일로 돌아갔다. 몸이 차츰 나아져갔다.

6월에 이르자 어머니는 평안하시나 셋째 아들 면이 많이 아프다고 하여 걱정하는 모습이다. 이 소식은 변씨도 들었을 것인데 아들 이순신 이상으로 손자 면을 아끼고 사랑해온 변씨로서는 속이 타들어갔을 것이다. 7월까지 면은 계속 아파서 변씨 모자의 속을 태우다가, 8월 6일에 이르러서야 조금씩 나아진다는 소식을 들었다.

8월은 이순신에게 힘든 시기였다. 8월 말에 아내 방씨가 위중하다는 소식을 들었는데, 다음 달 초가 되어서야 낫기 시작해 마음을 놓을 수 있었다. 위중이라는 표현을 들었을 때는 그의 마음이 어땠을까?

9월 초엿새쯤 방씨도 면도 나아지면서 비로소 모친과 아들 이순신도 마음을 놓을 수 있었다.

맑고 바람이 잔잔하다.
아침에 충청수사와 우후, 마량 첨사와 같이 아침을 먹었다. 저녁나절에 활터 정자로 옮겨 앉아 활을 쏘았다. 이날 저녁 종 효대, 개남이 어머니의 평안하시다는 편지를 가지고 왔다. 기쁘고 다행함을 어디다 비기랴!

여기서 충청수사는 정걸이 아니다. 무의공 이순신李純信이다. 방답첨사로 충무공의 부관으로 일했다. 흔하지도 않은 이름을 가진 동명이인이 모두 한 전쟁에 발을 디딘 것이다. 이 때문에 둘을 구별할 때는 보통 시호인 '충무공'과 '무의공'으로 구분한다.

11월 15일은 아버지 이정의 제삿날이었다. 변씨도 아들 이순신도 모두 먹먹한 가슴을 달랬을 것이다.

음양의 조화가 질서를 잃은 것 같으니 그야말로 재난이다. 오늘은 아버님의 제삿날이므로 나가지 않고 홀로 앉아 있으니, 슬픈 회포를 어찌 다 말하랴! 저물 무렵에 탐후선이 들어왔다. 순천의 교생이 임금님께서 내리신 교서를 베낀 것을 갖고 왔다. 또 아들 울蔚 등의 편지를 읽어보니 어머니께서 평안하시다고 하니 참으로 다행이다. 상주의 사촌 누이 편지와 그 아들 윤엽이 본영에 이르렀다. 편지를 보냈

는데, 그걸 읽어보니 눈물이 흐르는 것을 막을 수가 없었다. 영상(영
의정 류성룡)의 편지도 왔다.

1595년 을미년은 모친 변씨가 연로하여 몇 차례 병치레가 있었던
듯하다. 고령의 노인인 데다 고향을 멀리 떠나와 있으니 힘들 수밖에
없었을 것이다.

1월 초1일 맑다.
촛불을 밝히고 홀로 앉아 나랏일을 생각하니 눈물이 흐르는 줄도 몰
랐다. 또 나이 여든이나 되신 병드신 어머니를 생각하며 뜬눈으로 밤
을 새웠다.

1월부터 4월까지는 변씨가 그런대로 평안한 세월을 보냈다. 그런데
이 해 5월 초4일 어머니 생신에 이순신은 가지 못했다. 지리적으로도
멀어졌고 자리를 비울 형편이 아니었던 모양이다.

맑다.
오늘이 어머니 생신이다. 몸소 나아가 오래 사시라고 축하드리는 술
잔도 드리지 못했다. 홀로 먼 바다에 앉아 있으니, 가슴에 품은 생각
을 어찌 다 말하랴. 저녁나절에 활 열다섯 순을 쏘았다. 해남현감이
보고하고 돌아갔다.

5월 초8일에는 변씨도 순신도 기겁할 일이 전해졌다.

1595년 5월 8일자 《난중일기》에는 "초나흗날 사내종 춘세가 불을 내 마을 집 10여 채가 연소되었으나, 어머님 계신 집에는 미치지 않았다"라고 기록되어 있다. 이날 불이 어떻게 났는지, 불에 탄 집이 누구의 집인지에 대한 설명이 없어 자세한 내막은 알기 어렵다.

춘세라는 종은 〈별급문기〉에도 등장하지 않는다. 정씨 문중기와 이 일기를 볼 때 21명의 종 외에도 여러 명이 더 있었거나 아산살이 후기에 늘어난 종으로 볼 수 있을 것 같다. 조원래의 연구를 보면 《난중일기》에 기록된 이름이 53명이나 된다고 하니 이 역시 연구가 필요한 것으로 보인다.[6]

무슨 연유로 불을 냈는지는 알 수 없으나 당시에는 목조나 초가집이 대부분이었으니 화재에 취약할 수밖에 없는 상황이었을 것이다. 이 상황을 보며 안타까워하는 이순신의 모습이 짐작된다. 이 화재로 밤새 한 줌도 못 자고 모친 변씨가 잠을 설쳤을 것이고, 아들 순신도 나중에 이 소식을 듣고 가슴이 쓰렸을 것이다. 그에게 있어 어머니는 하늘처럼 위대한 존재였으니 말이다. 순신이 일기를 쓴 일자가 8일이니 경황이 없었거나, 아마도 변씨가 아들을 생각해서 소식을 늦춰 보냈을 것이라 여겨진다. 보낸 편지에서도 당연히 통제사 아들이 걱정을 덜 하도록 쓰게 했을 것이다. 같은 해 5월 내내 이순신은 평안함을 유지하지 못했다.

---

6 이순신 지음, 박종평 옮김, 《난중일기》, 글항아리, 2018, 125쪽.

5월 13일 비가 퍼붓듯이 오는데 종일 그치지 않다.

홀로 대청 가운데 앉아 있으니 온갖 회포가 끝이 없다. 배영수를 불러 거문고를 타게 했다. 또 세 조방장을 불러 오게 하여 같이 이야기 했다. 하루 걸릴 탐후선이 엿새나 지나도 오지 않아 어머니 안부를 알 수가 없다. 속이 타고 무척 걱정이 된다.

이 일기를 보면 탐후선이 계속 어머니 사는 동네로부터 한산도까지 부지런히 왕복하며 소식을 전했던 모양이다. 그것이 일주일 정도 지체 되자 속이 탄다고 거푸 두 번이나 썼다.

5월 15일(양력 6월 22일) 궂은비가 그치지 않아 지척을 분간하지 못 하겠다.

새벽 꿈이 어수선했다. 어머니 소식을 들은지 이레나 되니 속만 탄 다. 속만 탄다. 또 조카 해가 잘 갔는지 궁금하다.

5월 16일 흐리되 비는 오지 않았다.

아침에 탐후선이 들어와서 어머니께서는 편안하시다고 하고, 아내 는 실수로 불을 낸 뒤로 마음이 많이 상하여 담천이 더 심해졌다고 한다. 걱정이다. 걱정이다. 비로소 조카 해 등이 잘 간 줄을 알았다. 활 스무 순을 쏘았는데, 동지 권준이 잘 맞추었다.

불이 났는데 방씨가 당시에 놀란 일로 가래가 차고 끓어 숨이 차는

병이 생겼다는 이야기로 들린다. 그런데 이는 아산 일은 아닌 듯하다. 아산에서 화재로 모든 가산을 다 잃은 적이 있는데, 화재로 인한 재산 분급기 재발행은 1588년이었다. 이 일기를 쓴 것은 1595년 을미년이니 같은 화재라고 볼 수는 없다.

하지만 아내 방씨가 여수 어머니 곁에 와 있었을 수도 있는 것 아닌지 생각해볼 수 있다. 그랬다면 앞뒤가 들어맞는다. 시어머니 변씨를 보러 며느리가 왔을 수 있다. 그래도 아내가 멀리서 왔는데 남편 이순신이 가보지 못한 것은 다소 의아하다. 자주 보지도 못하고 내내 떨어져 있다가 그래도 지근거리에 왔는데 가볼 수도 있는 일 아닌가? 기록이 없으니 답답할 뿐이다.

5월 21일 일기에서 이순신은 전복과 밴댕이 젓갈, 난편(숭어 등 물고기 알을 참기름에 바른 것)을 어머니께 보냈다고 썼는데, 어머니께 안부를 전할 겸 해산물을 선물하는 착한 아들의 효심이 돋보인다. 변씨의 입장에선 끼니 걱정을 해주며 자신에게 무엇이라도 대접하려고 노심초사하는 셋째 아들이 너무 고마웠을 것이다. 또 이때까지 여수에 방씨가 같이 있었다면 아내 방씨에게 보내는 선물일 수도 있겠다.

이후 6월 초4일에도 탐후선이 오지 않아 이순신은 이렇게 썼다.

어머니의 안부를 알 수 없다. 걱정이 되고 눈물이 난다.

이날 얼마나 걱정이 되었던지 일기에 가슴을 태우고 걱정하면서 흐느껴 울었다고까지 거푸 썼다. 이순신의 어머니에 대한 효심이 얼마나 깊었는지 알 수 있으며, 감동을 주는 대목이다.

> 6월 초5일 맑다.
> 오전 때부터 비가 내려서 활을 쏘지 못했다. 나는 몸이 아주 불편했
> 다. 저녁을 먹지 않았다. 내내 고통스러웠다. 종 경이 들어와서 어머
> 니께서 편안하시다고 하니 다행이다.

아픈데도 어머니 걱정이 앞서는 아들의 모습이다. 앞에서 탐후선이
오지 않은 이유는 알 수 없으나 바람이 크게 불거나 파도가 높아서일
수도 있다. 어떤 연유이든 기다리는 사람에게는 야속한 법이다.

> 6월 초9일 맑다.
> 몸이 아직도 불편하다. 가슴만 탔다. (중략) 저물녘에 탐후선이 들어와
> 서 어머니께서 이질에 걸렸다고 한다. 가슴을 태우며 흐느껴 울었다.

이질은 당시로서는 대단히 위험하고 노인들에게 특히 위중한 병이
었다. 지금이야 항생제 주사 한 방이면 낫지만 당시로서는 치료가 쉽
지 않았다. 특히 바닷가는 수인성 질환도 잦아 변씨에게는 위기의 순
간이었다.

> 6월 12일 가랑비가 오고 바람 불었다.
> 새벽에 아들 울이 들어왔다. 어머니의 병환이 좀 덜하다고 한다. 그

러나 연세가 아흔인지라 이런 위험한 병에 걸리셨으니, 염려가 되어 또 흐느껴 울었다.

아흔이 아니라 팔순일 것인데 옮기면서 착오로 잘못 쓴 모양이다. 다행히 변씨는 다음 날은 좀 더 나아졌고 일주일 뒤는 완쾌해, 통제사의 마음도 편안해졌다. 어머니가 편지를 보낸 것인지는 정확하지 않지만 어쨌든 어머니의 소식을 듣고 안도의 한숨을 내쉬는 모습이 보인다.

그러나 모친 병세의 후유증은 만만치 않았다. 7월 초3일 일기에는 밤 열 시쯤에 탐후선이 들어왔는데 어머니께서 편안하시다고 하나 입맛이 없다는 이야기에. 몹시 걱정하는 모습이다.

7월 11일에는 그래도 걱정이 가라앉지 않자 아침에 어머니 앞으로 편지를 써 보냈다. 그리고 14일 병이 나아 편안하다는 전언을 들었다. 이후 11월까지는 무난히 지나가 순신은 어머니의 평안한 소식을 들었다.

12월 초6일 맑다.
저녁나절에 경상수사가 와서 봤다. 저녁에 아들 울이 들어왔다. 어머니께서 평안하시다니, 기쁘고 만 번 다행이다.

나 없는 세상을 살아갈 아들에게

1596년 병신년 이해에는 모자 사이에 몇 가지 변화가 있었다. 모친

의 증세가 조금씩 더 나빠져갔고 안타까워하는 이순신의 마음도 커져
만 갔다. 그래도 꾸준히 연락을 주고받았고 모자간의 만남도 제법 있
었다.

1월 초하루에 새해 벽두부터 이순신은 어머니를 찾아뵈었다. 당시
상황이다.

> 맑다.
> 밤 한 시쯤에 어머니 앞에 들어가 뵈었다. 저녁나절에 남양 아저씨와
> 신 사과(오위의 정6품의 군사직이며 부사직의 다음 벼슬)가 와서 이야기했
> 다. 저녁에 어머니께 하직하고 본영으로 돌아왔다. 마음이 하도 어
> 지러워 밤새도록 잠을 자지 못했다.
> (덕德은 몸을 빛나게 한다)[7]

괄호 안의 구절은 문화재청 본에서는 빠져 있는데, 《대학大學》에 나
오는 "부유함은 집안을 빛나게 하고 덕은 몸을 빛나게 만들어주니 마
음은 넓어지고 몸은 편안해진다"에서 나온 것으로, 이 부분은 추가된
것이다.

이 이야기를 수백 년 지난 다음 박종평 작가가 이렇게 풀었는데 흥
미롭다.

---

7 이순신 지음, 박종평 옮김, 《난중일기》, 글항아리, 2018. 주석에서 인용.

"부윤옥 덕윤신 심광체반富潤屋德潤身 心廣體胖."

그 뜻은 '부유함은 집안을 빛나게 하고 덕은 몸을 빛나게 만들어주니, 마음이 넓어지고 몸은 편안해진다'이다. 그런데 1월 1일과 2일 일기 끝에 '덕은 몸을 빛나게 한다'를 쓴 이유를 상상해보면, 이순신 자신의 1596년 새해 목표이자 결심을 뒤늦게 써넣은 것인 듯하다. 눈길을 끄는 것은 '대학'의 문장 중 "富潤屋(부윤옥, 부유함은 집안을 빛나게 한다)"은 쓰지 않았다는 것이다. 보통 사람들이나, 물질을 추구했던 사람들이라면 당연히 썼을 말이다. 이순신이 썼어도 '대학'의 문장이기에 누구도 탓하지 않을 표현이다. 또 원문을 보면, 그것을 써넣어도 충분한 공간이 있었다. 그런데도 그는 덕을 강조하는 글만 썼다. 그것도 2일에 한 번 더 강조하듯이 썼다. 이는 그가 개인적인 부유함을 추구한 사람이 아니라, 리더로서, 또 한 사람으로 사람다움을 추구한 사람이라는 것을 보여준다. 새해를 맞아 덕을 더욱 더 열심히 닦겠다는 결심, 그것이 이순신의 새해 결심이었다."[8]

이순신으로서는 자신을 더욱 돌아보는 이야기가 되었을 것이다. 그러나 필자는 이 이야기에 덧붙이고 싶은 것이 있다.

아마도 모친 변씨는 이날 새해를 맞아 새벽들이 찾아온 아들이 반갑기도 하고 또 한 해를 시작하는 만큼 한편으로는 여든둘이 된 그해 벽두에, 올해까지 내가 살 수 있을까 생각하며 마음이 울적했을 수 있다.

---

8 이순신 지음, 박종평 옮김, 같은 책. 주석에서 인용.

그러나 애써 마음을 추슬러 아들에게 이런저런 집안 이야기며 통제사로서의 근본 자세를 이야기했을 것이다. 그리고 나아가 그동안 살아온 여러 일을 아들과 나누었을 것이다. 아무래도 변씨가 자신이 세상을 등지면 가문을 어떻게 다스려 나가야 할지 당부하는 자리가 되었을 것도 같다. 이 자리에서 어머니의 이야기를 들은 이순신은 어머니 없는 세상을 생각하자니 가슴이 먹먹해지고 심란해졌던 것이다. 그 심경이 일기에 고스란히 녹아 있다.

모친이 '덕윤신德潤身'이라는 의미를 담은 당부를 한자 그대로 전달한 것인지는 모르지만 그런 주제로 삶의 마감을 앞둔 자신의 당부를 아들에게 전한 것이 아니었을까 생각해보는 것이다. 그리고 아들 순신은 일기를 써놓고는 그 말씀이 문득 《대학》에서 나온 것임을 깨닫고는 거기에 붙여 썼을 가능성이 있다. 그래서 이틀 거푸 일기 말미에 뜬금없이 '덕윤신'이 두 번이나 들어간 것은 아닐까?

'덕윤신'의 의미를 이순신의 새해 결심으로 풀이한 박종평 작가는 이렇게 설명했다.

이순신은 그 결심을 지키려고 노력했다. 8일에는 자신들을 괴롭히는 상관을 피해 항복한 일본군을 보면서 반면교사로 삼았고, 10일에는 체찰사가 준 물건을 부하 장수들에게 나눠주었고, 15일엔 항복한 일본군들에게 술과 음식을 주었고, 23일에는 헐벗은 군사들에게 옷을 주었다. 또 신상필벌에 단호했던 이순신이었기에 잘못을 한 사람들에 대해서는 사실을 확인한 뒤에는 곧바로 엄벌에 처했지만, 1월의 이순신은 처벌을 미루었다. 또 부하장수들의 잘못을 듣고도 슬며시 눈을 감았다. 함께 활쏘기 시합을 한 순찰사가 진 뒤에 불편한 기색을 보였을 때는 "우스운 일이다"라면서 넘겼다.

훌륭한 해석이다.
한편 1월 23일은 작은형 이요신의 제삿날이었다.

작은형님의 제삿날이라 나가지 않았다. 마음이 몹시 어지럽다. 아침에 헐벗은 군사 열일곱 명에게 옷을 주었다. 또 옷 한 벌을 주었다. 종일 바람이 험했다. 저녁에 가덕에서 나온 김인복이 와서 인사하기에 적의 정세를 물어보았다. 밤 열 시쯤에 아들 면·조카 완 및 최대성·신여윤·박자방이 본영에서 와서 어머니께서 평안하시다는 편지를 받아보니 기쁘고 행복한 마음이 어찌 끝이 있으랴. 사내종 경도 왔다. 종 금과 애수, 금곡의 사내 종 한성과 공석 등이 같이 왔다. 한밤에야 잠들었다. 눈이 두 치나 내렸다. 근래에 없던 일이라고 한다. 이날 밤 몸이 몹시 불편했다.

이날 모친 변씨의 마음은 아들 이상으로 몹시 심란했을 것 같다. 특히 둘째 요신의 기일이라 마음이 오죽했을까 싶다. 동생인 순신은 저렇게 삼도수군통제사로 나라를 굳건히 지키면서 자신과 함께하는데, 영특하고 빼어나 가문의 기대를 한몸에 받았던 요신은 세상에 없으니, 그 절절함이 가슴에 사무쳤을 것이다.

게다가 그 다음 날 24일은 희신의 기일이다. 이틀 사이에 자식의 기일을 맞는 어미의 슬픔이 이보다 더할 수 있을까?

자식은 죽으면 가슴에 묻는다지 않던가. 변씨에게는 마음의 상흔이 오래도록 남아 저주처럼 괴롭혔으리라.

며칠 전부터 이날을 기억하던 그녀는 슬픔을 억누르고 통제영 아들에게 가는 편지를 썼다. 아무렇지도 않은 척, 평안하다고 편지를 보낸 것이다. 그것을 읽은 순신으로서는 더욱 가슴이 아팠으리라. 자신도 형의 요절에 이렇게 마음이 안 좋은데 어머니는 오죽하랴. 그래서 잠자리에 누우니 어머니 걱정으로 더 불편해진 것이다.

이순신은 예민한 사람이었다. 예민함이 심해지면 몸도 아파지는 법이다.

이후 3, 4월에는 별일이 없었으나 5월 4일에는 순신의 마음이 또 흔들린다.

이날은 어머니 생신인데 축하드리는 술 한잔도 올려 드리지 못하여 마음이 편하지가 않다. 나가지 않았다. 오후에 우수사 업무공간에 불이 나서 다 탔다. 이날 저녁에 문어공이 부요富饒에서 왔다. 조종의 편지를 가져오는데, '조정이 4월 초하루에 세상을 떠났다'고 했다. 슬프고도 애달프다.

우수사는 이억기이다.

《조선왕조실록》이나 《난중일기》, 《쇄미록》 같은 기록물을 보면서 놀라게 되는 것은 화재가 생각보다 잦았다는 점이다. 초가집에서 사는 경우도 많고 나무를 때서 온돌을 데우는 방식이라, 불티가 날아 작은 불이 큰 화재로 이어지는 경우가 잦았던 모양이다.

경복궁부터 왕자와 공주의 집까지도 불이 나서 타버리는 일이 흔했다. 서민들의 삶은 고달픈데 불까지 자주 나니 사는 게 무척이나 고단했을 것이다.

그러니 삼도수군통제사로서의 삶에도 몹시도 우울한 날이 계속되었을 것 같다. 그러나 6월부터 7월까지는 어머니 안부가 평안하다 해서 마음을 놓은 이순신이었다.

윤8월 12일 맑다.
종일 노를 바삐 저어 밤 열 시쯤에 어머니 앞에 이르니, 흰 머리카락이 여전히 무성했다. 나를 보시고는 놀라 일어나셨다. 숨이 곧 끊어질 듯하여 하루도 보전하시기 어렵겠다. 펑펑 쏟아지려는 눈물을 머금고 서로 붙들었다. 밤새도록 위로하고 위안하며 그 마음을 기쁘게 해드렸다.

모친 변씨로서는 아들의 방문이 너무도 뜻밖이라 마음이 흔들렸으리라. 이순신은 갑자기 어머니가 보고 싶어서인지 종일 노를 저어 어머니에게 갔다. 출발지가 당포다. 1592년(선조 25) 6월 2일 이순신 함대를 주축으로 한 연합함대로 경상남도 통영시 당포 앞바다에서 왜선 21

척을 격침시킨 당포해전이 있었던 곳이다. 이때 이곳에서 오리 이원익 체찰사를 만날 일이 있었던 모양이다. 11일에 체상(이원익)을 모실 일로 길을 떠났다고 썼다. 그리고 다음 날 내내 노를 저어 여수 고음내 모친에게로 달려간 것이다.

나라의 치욕을 크게 씻으라고 대갈하던 변씨는 쇠약한 노인의 모습으로 돌아왔다. 이순신의 일기에 "펑펑 쏟아지려는 눈물을 머금고 서로 붙들었다"라고 쓴 것이 그 상황을 보여주는 것 같아 읽는 이로 하여금 눈물을 머금게 한다.

모친으로서는 자신을 너무도 사랑하고 아껴주는 아들을 이제 볼 수 없을지 모른다는 서글픈 생각에 마음이 아팠을 것이고, 갑작스런 방문에 마음이 무장해제되어버린 듯하다. 평소에 독한 마음을 가지고 온 가족과 가문을 지켜왔지만 갈수록 쇠약해지는 스스로의 모습에 자신감을 잃어만 가고 있었으리라.

또 아들 순신도 가슴이 아팠다. 이날 오늘이 끝일지 내일이 끝일지 알 수 없는 노인의 쇠약한 모습을 보며 순신은 순신대로, 모친은 모친대로 마음이 아파 서로 부둥켜안고 눈물을 참는 안타까운 모습이 그대로 드러나 있다.

이제는 잠을 자는 것조차 아깝다. 시간이 얼마나 남아 있을까? 기약할 수 없는 다음의 만남 아닌가. 잠을 자지 못하고 밤새 서로 얘기를 나누는 모습이 눈에 선하게 그려진다. 무슨 할 말이 그리 많았을까? 할 말을 자주 주고받을 수 없는 전선의 상황이니 만났을 때 하고픈 말도, 나누고 싶은 얘기도 많았을 것이다.

평소에 대화를 전혀 하지 않는 모자라면 이렇게 밤새 할 이야기는
더 없을 것이다. 지금도 부모 자식 사이에 만나도 별 할 말이 없어 눈만
멀뚱하다가 돌아오는 사람들이 얼마나 많은가? 그런데 이들 모자는 밤
새 대화를 나누었다. 얼마나 정겨웠을지 상상도 하기 어렵다.

9월 말과 10월이 이들 모자에게는 마지막 해후를 나눈 셈이 된다.
당시의 일기 곳곳에서 모자의 정을 확인할 수 있다.

> 9월 27일 맑다.
> 일찍 떠나가서 어머니를 뵈었다.

> 10월 1일 비가 오고 바람이 세게 불다.
> 새벽에 망궐례를 행하고 식사를 한 뒤에 어머니를 뵈러 가는 길에 신
> 사과가 임시로 살고 있는 집에 들어가서 몹시 취하여서 돌아왔다.

망궐례望闕禮는 궁궐에서 멀리 떨어진 곳에서 근무하여 직접 왕을 배
알拜謁할 수 없었던 관찰사·절도사·목사·부사 등의 관리들이 음력 초
하루와 보름에 지방 관청이나 임지에서 임금이 계신 궁궐을 향해 예를
올리는 것이다. 순신은 자주 궁궐을 향해 망궐례를 올렸다.

> 10월 3일 맑다.
> 배를 돌려 어머니를 모시고 일행과 더불어 배를 타고 본영(여수)으로
> 돌아와 종일토록 즐거이 뫼시었다. 이날도 다 갔는데, 흥양 현감이

술을 가지고 왔다.

10월 7일 맑고 따뜻하다.
일찍이 수연壽宴을 열었다.
내내 아주 기뻤다. 다행이다. 다행이다. 남해 현령(박대남)은 그의 어
르신 제삿날이라 먼저 돌아갔다.

10월 8일 맑다.
어머니께서 몸이 편안하시다니 참으로 다행이다. 순천부사(배응경)
와 작별의 잔을 나누고 보냈다.

10월 9일 맑다.
공문을 처리해 보냈다. 종일 어머니를 모셨다. 내일 진중(한산도)으로
들어갈 일로 어머니께서는 평안치 않은 얼굴빛이셨다.

10월 10일(양력 11월 29일) 맑다.
어머니께 절하고 하직했다. 밤 한 시쯤에 수루의 방으로 돌아왔다.
정오에 인사를 아뢰고 나갔다. 오후 두 시쯤에 배를 타고 바람따라
돛을 달고 펼쳤다. 밤새 노를 재촉하여 갔다.

이날 10월 10일은 모친 변씨와 이순신의 마지막 해후 장면이다.
이 앞 며칠간의 광경을 독자분들이 머리로 그려보았으면 좋겠다.

앞뒤 정황을 보면 이순신이 삼도수군통제영이 있는 한산도에서 여수 좌수영까지 잠시 통제영 본부를 옮겨놓은 것을 볼 수 있다. 전라좌수영까지 140킬로미터의 거리다. 지금도 차를 타고 가도 두 시간은 걸린다.

전시 상황도 아니고 적을 쫓으려 간 것도 아닌데 그 먼 거리를 지나 여수로 갔다는 것은 분명한 목적이 있어야 가능한 일이다.

일단 왜군의 동향은 물러간 이후 주춤하고, 큰 전투가 없으니 통제사가 자리를 비울 수 있는 기회였다. 이때 이순신은 통제사로서 작정하고 남해안 일대를 순회하면서 어머니도 뵈었다. 여러 가지 목적을 가지고 떠난 일정이었다. 전쟁의 참상도 살피고 민정도 볼 겸, 또 직속 상사인 이원익 체찰사와 논의할 일도 있었던 모양이다. 기본 목적은 아마도 민정과 군정의 시찰이었던 듯하다.

출발일은 윤8월 11일이다. 이순신은 이원익 체찰사를 만나러 길을 떠났다. 당포에 들렀고 12일 노를 내내 저어 여수 고음내 송현마을로 들어가 어머니를 뵈었다. 밤새 이야기를 하고 다음 날(13일) 아침을 모친과 함께 한 후 여수의 좌수영 본부로 돌아갔다.

14일에는 새벽에 두치에 도착했다. 두치는 《대동지지》에 "두치斗峙 혹은 말거치末巨峙라고 나와 있는데 동남쪽 20리에 있으며 순천과 경계를 접한다"라고 기록되어 있다. 순천의 경계로 《해동지도》에도 유마사에서 모후산 아래로 순천으로 넘어가는 말거리치로 표기되어 있다. 이제 순천부로 들어가 이원익과 만나려는 것이다.

이원익은 이미 도착해 있었다. 그리고 17일 낙안으로 갔다가 18일

양강을 거쳐 흥양으로 갔다. 흥양은 지금의 고흥이다. 이순신이 발포 만호로 있었을 때 그곳이 흥양현 소속이고 5관 5포의 중요 전략요새였다. 젊은 시절 만호로서 열심히 일했던 감회가 새로웠을 것이다.

그리고 녹도로 가면서 도양의 둔전을 살폈다. 이곳은 지난해 11월에 많은 군량미를 거둬들인 곳이었다. 1595년 11월 13일 기록을 보면 이렇게 나와 있다.

도양장에서 거둔 벼와 콩이 팔백스무 섬이었다.

19일과 20일에 이원익 체찰사와 이야기하고 전남 강진 병영면에 들어갔다가 원균을 만나고 가리포(24일), 해남(25일) 우수영에 도착했다.

이제 9월이다.

9월 2일에 영암에 도착했고 3일에는 나주 신원에 도착한 후 무안으로 가서 여러 지역에서 공무를 보고 10일에 말이 지칠 정도가 되어 함평에 머물렀다. 강행군에 말이 다 지친 상황이다. 그러나 이순신은 지치지 않았다. 아니, 정확히 말하자면 지칠 수가 없었다. 계속 공무를 집행하고 나서 비는 시간에 어머니도 만나야 하는 상황이기 때문이다.

11일 다시 한숨을 돌린 후 영광으로 갔다가 체찰사 이원익과 또 만나고 함께 고창으로 들어갔다(16일). 그다음 행선지는 광주(18일)였고, 20일 화순, 21일 능성, 22일 보성으로 갔다.

이 상황에서 이순신은 엄격하게 공무를 집행했다. 광주 목사 최철견을 만나고 창고를 밀봉한 것에 대해 일기를 썼다. 창고 밀봉은 지방관의 비위 사실을 찾아내고 증거 인멸을 막기 위해 행하는 제도다. 어사 출동 때 외치는 '봉고파직'이라는 말이 여기서 나온 것이다. 곧이어 바로 이원익 체찰사가 최철견을 파면했다. 이 중요한 일을 삼도수군통제사로서 엄격하게 집행한 것이다.

23일에는 누구보다 우정이 돈독했던 선거이의 집에 갔는데, 그는 위독한 상태였다. (다행히 그는 나중에 회복되었고 1598년 울산성 전투에서 전사한다.) 그리고 순천(25일)에 들러 일을 보고 9월 27일 모친에게 도착한 것이다. 이 과정에서 말도 지치고, 그도 지칠 법도 했지만 서둘러 어머니에게까지 갔다. 강행군이었다.

이때부터 10월 9일까지 순신은 여수 전라좌수영에서 송현마을 어머니 댁으로 다녀왔고 그동안 못 다한 회포를 풀었다. 그러나 이렇게까지 그가 강행군을 하며 어머니와 만나지 않았다면 평생토록 후회할 일이 생겼을 것이다. 이순신이 모함을 받아 파직당할 줄은 아무도 몰랐고, 모친이 배를 타고 상경하면서 세상을 하직할 줄은 더더욱 몰랐기 때문이다.

물론 모친 변씨로서는 아들 이순신과의 이번 만남이 마지막이 될 것이라고 어슴푸레하게 짐작하고 있었을지 모른다. 하루가 다르게 기력이 사라지고 노쇠해가면서 잔병치레가 많아져, 당장 세상을 떠나도 조금도 이상하지 않을 정도였던 것이다.

정유년, 운명의 날이 다가오다

그 사이에 이순신의 시련이 시작됐다. 정유년(1597)은 이순신에게 악재의 연속이었다. 일본군은 재침을 준비하는 동안에 양동작전을 준비했다. 우리가 익히 아는 대로 일본군 수뇌부의 간계가 시작되면서 이순신에 대한 본격적인 모함이 시작되었고, 속 좁은 선조와 조정 대신들이 짜고 치는 음험한 계략이 작동했다.

조선의 이런 상황을 잘 아는 이가 바로 도요토미 히데요시였다. 그로서는 이순신이 있는 한 서해로 나갈 수도 없고, 서해로 나가지 못하니 조선 반도는 말할 것도 없고, 명나라 진군은 꿈도 꾸기 어려웠다. 결국 갈라치기 전략을 세우기로 했다. 선조가 이끄는 조정과 이순신을 갈라버릴 작정이었다.

가장 돈도 안 들고 쉽게 접근할 방법은 첩자를 통한 우회 전술이었다. 정유재란이 일어났던 1597년 왜장 고니시 유키나가小西行長는 첩자 요시라要時羅를 경상좌병사 김응서에게 보냈다. 그는 자신의 라이벌인 가토 기요마사加藤清正가 어느 날 부산포를 거쳐 일본으로 가는데, 조선 수군이 지키고 있다가 공격하면 그를 잡아 죽일 수 있다고 알려주었다.

첩자 요시라는 이중간첩이었던 것 같다. 조선에 와서는 좋은 대로 이야기하고 일본으로 돌아가서는 또 자신에게 유리한 대로 보고했다. 양국 수뇌부는 이를 어느 정도 눈치채고 있었지만 상대의 정보를 흘려주는 요시라를 내칠 생각은 없었다.

결국 김응서는 도원수 권율에게 가토 기요마사의 동정을 보고했고 권율이 이를 조정에 보고하자, 조정은 이순신에게 전함을 이끌고 나가 공격하라는 명령을 내렸다. 좋은 기회라고 여긴 어리석은 결정이었다. 그러나 적의 간계奸計라는 것을 간파한 이순신은 움직이지 않았다. 나가봐야 별반 무소득이고, 잘못하면 함대 전체를 위험에 노출할 수 있다고 판단했기 때문이다.

이순신의 이러한 냉철하고 객관적인 정세 판단은 어머니 변씨로부터 배운 성향인 듯하다. 모친 변씨는 여간해서는 흔들리는 성격이 아니었다. 남편 이정을 도와 명종에게 시조부 이백록의 억울한 사정을 상소할 때부터 남달랐다. 또 가장 사랑하던 둘째 아들 요신이 갑작스럽게 칭병한 후 목숨을 잃었고 남편 이정과 맏아들 희신까지 세상을 일찍 떠났을 때에도 악착같이 일어섰다. 심지어 화재로 인해 집이 모두 타버리고 쓸만한 가재도구 하나 건지지 못하는 불운을 겪었음에도 그녀는 평상심을 잃지 않고 냉철하게 판단했다. 그러고는 아산에 근거지를 둔 자신의 집안 변씨 가문에 손을 벌리지 않고 며느리 방씨를 불러 남은 식솔들을 데리고 이사하기로 결정한 것이다.

어차피 방씨 가문은 방진 군수와 부인 남양 홍씨도 세상을 떠났고 며느리 방씨도 덕수 이씨 가문의 일원이 되었기 때문에 그 재산은 덕수 이씨의 재산이 될 참이었다. 이 때문에 이순신은 방진 가문의 제사를 도맡게 되었고 지금도 방진의 묘소가 현충사 안에 있으며 외손인 이씨 후손들이 계승하여 제사를 지내주고 있다. 이처럼 모친 변씨는 냉정할 정도로 늘 침착했던 것이다.

한편 이순신은 아무것도 하지 않는 것이 아니라 침착함을 유지한 채 왜군의 정황을 탐지하고 있었다.

결국 가토 기요마사는 요시라가 말한 것처럼 실제로 대군을 이끌고 다대포 앞바다로 건너와 서생포로 뱃머리를 돌렸다. 이순신과 조선 수군을 유인하여 전멸시키려는 속셈이었다. 그러나 이순신은 그 계략에 걸려들지 않았다.

한편 이런 계략을 눈치채지 못한 조정은 발칵 뒤집혔고, 왕명을 따르지 않은 이순신을 체포하여 죄를 물어야 한다는 주장이 대세를 이루었다. 그렇지 않아도 온 백성이 이순신을 존경하니 시기와 질투가 가득했던 선조는 미운 마음이 치밀어 올랐다. 이순신의 죄가 조정 대신들에 의해 논의되기 시작했고, 선조는 뒤로 빠진 채 논의가 무르익기를 기다렸다. 결국 당쟁에 빠진 관료들은 모두 나서서 당장 이순신의 목을 베어 효시하자고 의논을 매듭지었다.

이제 삼사 차례였다. 이순신을 비호해줄 류성룡은 지방 순시에 나가 있었다. 삼사를 비롯해 대신들이 나서서 하나같이 이순신의 죄를 묻는 상소를 올리자, 선조는 못이기는 척 이순신을 파직하도록 동부승지에게 명을 내렸다. 과연 영의정 이준경이 염려하던 대로, 한쪽 말만 듣고 이순신을 쳐내기로 작정한 것이다.

선조는 여기에 이순신의 반발이 염려되었는지 한 가지 더 강수를 두었다. 동부승지 김홍미金弘微에게 비망기備忘記를 주어 체포하러 떠나는 토포사討捕使에게 자신의 뜻을 조용히 전하도록 한 것이다. 비망기는 임금이 명령이나 의견을 적어서 승지承旨에게 전하던 문서다. 또 토포사는 보통 도적을 수색, 체포하기 위하여 특정 수령이나 진영장鎭營將에게 겸임시킨 관직으로, 임금의 명을 직접 수행하곤 했다.

《선조실록》 선조 30년 2월 6일 1597년 명 만력萬曆 25년
이순신을 잡아오도록 김홍미에게 전교하다

김홍미에게 전교하였다.

"이순신을 잡아올 때에 선전관宣傳官에게 표신標信과 밀부密符를 주어
보내 잡아오도록 하고, 원균元均과 교대한 뒤에 잡아올 것으로 말해
보내라. 또 이순신이 만약 군사를 거느리고 적과 대치하여 있다면 잡
아오기에 온당하지 못할 것이니, 전투가 끝난 틈을 타서 잡아올 것도
말해 보내라."

선조로서는 사실 통제영 산하의 모든 움직임이 질시의 대상이었을
것이다. 통제영은 조정으로부터 한 푼의 지원도 없이 돌아가는 자립
자영 체제였다. 둔전에서 식량을 공급받아 자급자족이 가능한 작은 조
정이 통제영이었다. 무기를 자체 조달하고 해로 통행세를 받아 조정
못지않은 살림을 꾸려가는 일종의 작은 정부였다. 수만의 군사를 동원
가능하고 명나라 장수가 함부로 어쩌지 못할 정도로 군사와 위세가 등
등한 통제영의 리더가 이순신이 아니던가.

이는 통일신라시대 장보고가 펼쳤던 청해진을 연상케 할 정도로 완
벽하게 자주 자립이 가능한 지방정부였다. 선조로서는 큰 위협이 되고

도 남았을 것이다.

게다가 명나라로부터 하삼도를 분국하라는 이야기가 나올 정도로 자신의 통치력이 의심받는 상황이었다. 그에게 있어 이순신은 전쟁을 이기게 해주는 충신이 아니라, 언제든 세상을 뒤엎어버릴 수 있는 무서운 경쟁 상대였다. 더구나 만백성이 자신보다 이순신을 더 사랑하는 상황이 아니던가.

이미 서울을 뺏겼다가 수복한 후 이 눈치 저 눈치 살피며 환도를 주저할 때 서애 류성룡이 도성 안으로 홀로 들어가자 백성들의 환대가 극에 달했다는 소문을 들은 바 있었다. 류성룡만 해도 벅찬데, 이번에는 류성룡이 추천한 이순신이 삼도수군통제영을 꿰차고 앉아 자신의 경쟁 상대로 커가고 있다는 것은 선조에게 몹시 불편한 일이 아닐 수 없었다. 게다가 류성룡과 이순신은 한배를 탄 인물로 볼 수밖에 없는 상황이었다. 이런 상황에서 절묘한 모함이 들어왔기에 서슴없이 이순신을 내치기로 한 것이다.

> 이순신은 조정을 속였으니 임금을 업신여긴 죄요, 적을 놓아주고 잡
> 지 않았으니 나라를 저버린 죄요, 남의 공로를 빼앗았으니 방자하고
> 거리낌이 없는 죄로다. 마땅히 그를 체포하여 서울로 압송하라.

그러나 이순신은 통제영에서 체포되어 곧바로 서울로 압송되면서도 반발하지 않고 임금의 명령에 순종했다. 삼도수군통제사가 죄수의 호송 수레에 실려 의금부로 끌려 올라오자 삼도의 백성들이 들고 일어

나 마을이 있는 곳마다 나와 수레를 붙잡고 통곡하며 나랏님을 욕하기 시작했다. 이들도 이순신 없는 전투는 가망이 없다고 보았을 것이다.

《선조실록》 선조 30년 3월 13일 기사

이순신이 조정을 기망欺罔한 것은 임금을 무시한 죄이고, 적을 놓아주어 치지 않은 것은 나라를 저버린 죄이며, 심지어 남의 공을 가로채 남을 무함誣陷하기까지 하며 방자하지 않음이 없는 것은 기탄함이 없는 죄이다. 이렇게 허다한 죄상이 있고서는 법에 있어서 용서할 수 없는 것이니 율律을 상고하여 죽여야 마땅하다. 신하로서 임금을 속인 자는 반드시 죽이고 용서하지 않는 것이므로 지금 형벌을 끝까지 시행하여 실정을 캐어내려 하는데 어떻게 처리할 것인지 대신들에게 하문하라.

엄히 문초하라는 말은 죽여도 좋다는 지시였다.

이에 대해 후일 실록의 기자는 선조의 옹졸하고 편협함을 빗대 이렇게 평을 붙였다.

《선조실록》 선조 31년 4월 2일 1598년 명 만력 26년

한산 전투에서 패배한 장수들을 징계하도록 하니, 비변사가 원균의 징계를 청하다

사신은 논한다. 한산의 패배에 대하여 원균은 책형磔刑을 받아야 하

고 다른 장졸將卒들은 모두 죄가 없다. 왜냐하면 원균이라는 사람은 원래 거칠고 사나운 하나의 무지한 위인으로서 당초 이순신과 공로 다툼을 하면서 백방으로 상대를 모함하여 결국 이순신을 몰아내고 자신이 그 자리에 앉았기 때문이다. 겉으로는 일격에 적을 섬멸할 듯 큰소리를 쳤으나, 지혜가 고갈되어 군사가 패하자 배를 버리고 뭍으로 올라와 사졸들이 모두 어육魚肉이 되게 만들었으니, 그때 그 죄를 누가 책임져야 할 것인가. 한산에서 한 번 패하자 뒤이어 호남湖南이 함몰되었고, 호남이 함몰되고서는 나랏일이 다시 어찌할 수 없게 되어버렸다. 시사를 목도하건대 가슴이 찢어지고 뼈가 녹으려 한다.

실상 이 문제는 모두 선조의 책임이라는 말을 차마 하지 못하고 돌려 적은 것이다.

구명 작전, 충신들이 나서다

그러나 죽음에 처한 이순신을 살리려는 충신들도 있었다. 이들은 그를 살리려고 백방으로 탄원서와 상소문을 올리며 구원에 나섰다. 이순신의 죽음은 곧 패전이라는 생각이었다.

청렴하고 올곧기로 소문난 도체찰사 이원익은 이순신의 직속 상사로서 그를 가장 많이 겪은 정승이다. 그가 첫 상소문을 올렸다. 그는 왜적이 가장 두려워하는 것이 누구라고 생각하느냐고 선조에게 묻고 바

오리 이원익 영정(보물1435호)
청백리 오리 이원익은 임진왜
란 당시 이순신의 직속 상관인
체찰사로 재직하며 두터운 신
뢰를 나눈다. 삼도수군통제사
관직을 박탈당하고 참수당할
위기에 처한 이순신을 정탁 등
과 극력 변호하기도 했다. 공적
인 일이 아니면 나서지 않는 조
용하고 소박한 성품의 그는 슬
기로움의 대명사로 정파를 막
론하고 모두에게 존경을 받았
다. 그래서 광해군이 즉위하자
영의정에 복귀하여 전쟁으로
폐허가 된 나라를 복구하는 데
큰 역할을 담당하였다.

로 이순신이고 우리 수군이라는 것을 지적했다.

"지금 그를 죽여 무엇을 얻으시겠습니까? 부디 간언컨대 순신을 살
려 전장으로 보내 공을 세우게 하옵소서. 공을 세워 나라도 구하고 죄
도 갚게 하소서."

이순신의 심복 정경달도 백성들을 동원하는 한편 상소를 넣었다.

"이순신을 죽이면 나라가 망합니다. 남해를 내주면 온 나라가 도탄에 빠질 것이 분명하니 통제사를 풀어주십시오."

그러나 조정의 다수는 여전히 요지부동이었다. 이 기회에 처내자는 여론이 다수였을 것이다. 그럼에도 순신을 살려달라고 상소문이 올라오기 시작했고 조정 여론도 조금씩 변화되기 시작하는 가운데 정탁鄭琢이 구명운동의 핵심으로 나섰다. 일흔이 넘은 노장 판중추부사 정탁이 나서서 탄원서를 올린 것이다.

"더 이상 이순신을 고문하고 매질을 가하면 살아남기 어려울 것이니 나라의 장래를 생각해서라도 그의 목숨을 살려 전공을 세워 죄를 갚도록 해주십시오."

여기서 한 가지 의문이 든다. 이순신의 멘토였던 류성룡의 존재감이 사라진 것이다. 류성룡이 직접 나서서 이순신을 비호하고 후원한 사실이 없어 보이는 듯한 것도 사실이다.

그로서는 난감한 상황이었을 게다. 자신이 추천한 장수가 임금의 명령을 거역하고 나섰다니…. 또 류성룡을 비겁하다고 비판하는 역사 연구자들도 있는 듯하다.

하지만 그것은 잘 모르고 하는 말이다. 이순신의 멘토인 류성룡은 류성룡대로 속이 탔을 것이다.

사실 류성룡은 선조에게 한이 맺힐 만큼 맺힌 인물이다. 선조의 치졸한 질투를 알고도 남았다. 당연히 모함인 줄 알았지만 자신이 나서면 더 난리가 날 게 뻔하지 않을까? 해서 그는 우회 전술을 택한 것이다.

류성룡은 사실 나중에 정계를 은퇴했을 때, 공신이 되면 충헌부가

화사를 파견해서 초상을 그리게 하는 전통이 있는데도 이를 거절할 정도였다. 초상을 그려주겠다는 임금의 두터운 호의도 거절할 정도로 선조에게 쌓인 것이 많았던 인물이다.

한편 정탁은 누구인가? 나이는 더 많아도 서애 류성룡의 지원을 가장 많이 받은 노신 아닌가. 당쟁이 심해지자 반대파들은 류성룡과 정탁을 한데 싸잡아 비난한 적도 있었다. 심지어 정탁의 졸기卒記에는 둘을 싸잡아 비판하는 논조가 등장하고 있다.

《선조수정실록》39권, 선조 38년 10월 1일 1605년
서원 부원군 정탁의 졸기

> 서원 부원군西原府院君 정탁이 졸하였다. 정탁은 예천醴泉 사람으로 류성룡과 친해서 재상이 되었으나 매상 우유부단하였다. 그러다가 성룡이 조정에서 떠나자 탁도 해직하고 고향으로 돌아가 나이가 차서 치사致仕하였는데, 이때에 이르러 집에서 병으로 죽었다.

류성룡과 한 동류로 몰아붙인 실록 기자의 비판이다. 그만큼 류성룡의 지지자였고 류성룡의 입 역할을 한 것도 사실이었다. 그래서 정탁이 신구차를 올려 이순신을 구원한 것도 사실이지만 그 뒤에는 류성룡의 보이지 않는 구원책이 움직인 것으로 보아도 될 것이다.

한편 작가 박종평은 류성룡이 이해에 2월 26일부터 2월 29일, 3월 3일, 5일, 8일 10일, 12일, 16일, 20일, 4월 2일 사직을 요청하는 상소를

올렸다고 설명하고 있다. 이순신을 자르려면 나도 잘라내라는 항변이 아니었을까?

《이충무공행록》에 따르면 이순신은 음력 2월 26일에 한산도에서 체포되어 서울로 압송되었다. 이때 이순신은 통제사 자리를 이어받은 원균에게 군량미 9,914석과 화약 4,000근을 인계해주고 서울로 떠났다. 이 정도의 군량미는 약 1만 명이 2개월에서 2개월 반가량 사용할 군량이다.

정경달의 《반곡난중일기》를 보면 1597년 6월 2일 "한산도에 주둔한 군사는 1만 명으로 1개월에 6,000석을 먹으나 점심을 제외하면 4,000석이다"라고 썼다.

이 많은 군량미를 원균은 패전으로 다 털어버렸다. 그리고 이런 형편없는 인물에게 전쟁을 맡긴 선조는 결국 칠천량에서 대패하고서야 비로소 정신을 차리고, 신하인 순신에게 두 번이나 크게 사과하고 후회하게 된다.

죽음이냐 생환이냐

한편 의금부로 잡혀온 순신은 곧바로 하옥되었다.

조선의 의금부는 사헌부, 형조와 함께 범죄를 다루는 곳이었지만 주로 신하들이 반역을 꾀하거나 왕족이 관련된 사건, 자식이 부모를 해치거나 노비가 주인을 해친 반인륜 범죄 등 중대한 범죄의 재판을 맡아 다루었다. 이에 반해 사헌부는 관리들의 부정부패를 감시하고 처벌하는 일을, 형조는 백성들이 저지르는 일반 범죄의 소송과 재판을 맡았다. 이순신의 죄는 임금의 명을 거역한 죄라 불복죄에 해당했다.

일단 조정에서는 그를 질시하여 거제 탈환작전에서 실패한 이순신이 작전 중 판옥선 1척과 협선 3척이 좌초 소실된 것을 즉시 보고하지 않았다고 하여 '보고 지연'을 '군주를 속인 행위'로 변모시켜 조정 여론을 악화시켰다.

부산 왜영倭營 방화사건도 이순신을 불리하게 만들었다. 1597년 1월 1일 이순신의 장계가 조정에 올라왔다. 이순신의 휘하 장수 안위 김난서가 12월 12일 부산왜영에 불을 질러 큰 피해를 입혔다는 보고였다. 따라서 휘하 장수들에게 상을 주자는 장계였다. 이순신은 이 장계에서 상세한 전공 내용을 밝히고 있다.

그런데 바로 다음날인 1월 2일 이조좌랑 김신국이 또 다른 보고를 올렸다. 부산왜영을 불태운 것은 도체찰사 이원익의 명령으로 허수석이 한 일이라고 아뢴 것이다.

《선조실록》84권, 선조 30년 1월 2일 1597년 명 만력 25년
지난날 적의 소굴을 불태운 것은 허수석이라고 김신국이 아뢰다

이조 좌랑 김신국이 서계하였다.

지난날 부산의 적 소굴을 불태운 사유를 통제사 이순신이 이미 장

계하였다고 합니다. 그런데 도체찰사 이원익이 거느린 군관 정희현
은 일찍이 조방장으로 오랫동안 밀양 등지에 있었으므로 적진에 드
나드는 사람들이 정희현의 심복이 된 자가 많습니다. 적의 진영을
몰래 불태운 일은 이원익이 전적으로 정희현에게 명하여 도모한 것
입니다. (이하 생략)

　진위 여부는 자세히 알 수 없지만 김신국은 12월 25일까지 서울에
있다가 전선으로 내려온 인물인데, 그간의 상황을 자세히 알 리가 없
고 내용도 빈약하다. 그런데 선조는 이를 임금을 기만한 죄로 몰았다.
여기에 요시라 반간계 사건이 연이어 발생함으로써 선조는 "이순신이
가토 기요마사의 목을 베어 오더라도 믿지 않겠다"라고 할 정도로 이
순신을 불신하게 되었다.
　사헌부는 가토 기요마사를 체포하지 않은 것을 국은의 배반자라고
이순신을 탄핵했다. 선조는 비망기로 이순신에게 조정을 속이고 임금
을 무시한 죄, 적을 놓아주고 공격하지 않은 것은 나라를 배반한 죄, 남
의 공을 가로채고 모함한 죄를 적용하여 이순신을 투옥하여 심문하도
록 했다.[9]

---

9 장학근, 〈水軍統制使 李舜臣과 右議政 鄭琢〉,《이순신연구논총》11호, 순천향대 이순신연
　구소, 15~16쪽 등 발췌 인용.

형평이 맞지 않은 형편없는 처벌

순천향대 이순신연구소 장학근 소장은 이에 대해 논문에서 다른 장수들의 처벌과 비교하여 설명했는데, 이순신이 얼마나 차별받았는지를 알 수 있다.

1592년 4월 13일 200여 척의 선박에 분승한 16,700여 명의 일본군이 상륙지점으로 택한 곳은 부산포였다. 그곳의 해상방위 책임자는 경상좌수사 박홍이다. 박홍은 일본군이 상륙을 시도하자 수영에 보관된 군량과 항해용 각종 기구를 불태운 후, 근왕勤王을 핑계로 평양으로 도망쳤다. 박홍의 이런 행위를 처벌하자는 논의는 1592년 11월에 처음 제기되었으나 "이미 오래전의 일이고 지금은 박홍이 평양 방어에 임하고 있다"는 이유로 처벌치 않았다. (중략)

박홍을 처벌해야 한다는 여론이 세 번째 대두된 것은 1605년 7월이다. 제2차 진주성 전투의 패전요인을 검토하는 과정에서 지휘관의 전투회피가 화두에 올랐다. 그때 선조는 박홍을 기억하고 재차 처벌을 명령했다. 그러나 서인의 영수이며 좌의정 겸 도체찰사였던 윤두수尹斗壽가 "박홍이 초전 패배의 잘못을 깨닫고 평양방어전에 참전하여 공을 세웠다"고 주장하여 또다시 처벌을 면하게 하였다. 이후 박홍은 어떠한 처벌도 받지 않고 여생을 마쳤다.[10]

---

10 장학근, 앞의 글.

경상우수사 김성일의 뒤를 이은 만포진 첨사 출신 조대곤 역시 창원 우병영의 군졸을 이끌고 김해로 가던 중 적세가 생각보다 강성하자 곧바로 회군했다. 그 결과 고립무원의 김해부는 일본군에게 점령되고 우병영 소속 여러 성들은 일본군에게 차례로 점령되었다. 이 죄 또한 어떤 벌도 받지 않았고, 그는 행호군行護軍이란 직책을 갖고 대신들과 함께 궁궐을 출입하며 여생을 마쳤다는 것이 장학근 연구소장의 증언이다.

원균도 몇 차례 처벌받을 사안들이 있었으나 마지막에 전사함으로써 오히려 공신이 되었다.

이에 반해 선조는 1597년 1월 27일 대신과 비변사 유사당상이 참여하는 어전회의를 개최하면서 이순신 탄핵을 몰아붙인 면이 있다. 사헌부는 가토 기요마사를 체포하지 않은 이순신을 국은國恩의 배반자로 탄

한산도야음 나라를 위해 근심 걱정으로 잠 못 이루는 장군의 마음이 잘 나타나 있는 시다.

핵했고 이를 받아들여 선조는 비망기를 내려 이순신의 구속 심문을 지시했다.

이에 이순신은 1597년 2월 한산도에서 체포되어 3월 4일 서울 전옥서에 수감되었다.

이순신의 구속은 곧 죽음에 이르는 예비 절차일 뿐이었다. 선조는 사형 집행을 합리화하기 위해 구속 심문이란 형식적인 절차를 밟았고, 전옥서에서는 관례대로 죄의 유무를 확인하기보다는 심증만 갖고 고문을 통해 죄를 자백받으려 했다.

임금의 명을 불복한 죄, 군령을 소홀히 한 죄, 남의 공을 시기하고 가로챈 죄 등 누가 봐도 이해하기 어려운 죄목이었지만 한 마디 변명이나 소명할 기회조차 주지 않았다. 이미 죽이기로 작정한 선조와 조정인지라 순신은 변명 한 번 제대로 못하고 모진 고문을 받아야 했다.

실제로 당쟁에 빠진 관료들은 이순신의 목을 당장 베어 효시하라고 난리들이었지만 한쪽에선 그를 살리려고 백방으로 탄원서와 상소문을 올렸다. 앞서 이야기한 대로 일흔이 넘은 판중추부사 정탁이 이 탄원의 가장 한복판에 선 인물이었다. 그도 처음에는 순신이 잘못한 줄 알고 있었으나 진상을 듣고 난 후 자신의 목숨을 걸고 탄원서를 썼다. 그가 올린 상소인 〈신구차伸救箚, 죄 없음을 굽어 살피소서〉는 두 번에 걸쳐 작성됐는데, 뒤의 것은 미처 선조에게 전달되지 않았다.

신구차를 올린 노신의 지혜

우의정 정탁은 엎드려 아룁니다.

이모李某:이순신는 몸소 큰 죄를 지어 죄명조차 무겁건마는 성상聖上께서는 얼른 극형을 내리시지 않으시고 두남두어(두둔하여) 문초하시다가 그 뒤에야 엄격히 추궁하도록 허락하시니, 이는 다만 감옥 일을 다스리는 체모와 순서만으로 그러심이 아니라 실상은 성상께서 인仁을 베푸시는 한 가닥 생각으로 기어이 그 진상을 밝힘으로써 혹시나 살릴 수 있는 길을 찾으시고자 바라심에서 하심이라, 성상의 호생好生하시는 뜻이 자못 죄를 짓고 죽을 자리에 놓인 자에게까지 미치시므로 신은 이에 감격함을 이길 길이 없습니다.

이 노회한 정승은 선조의 품성을 잘 알고 있었던 듯하다. 극형을 처해도 될 사안인데 인을 베풀었다면서 선조를 추켜세웠다. 이 첫 문장에 선조는 마음을 좀 풀었을 듯하다. 그러나 그다음이 정말 신의 한 수였다.

신이 일찍 벼슬을 받아 죄수를 문초해본 적이 한두 번이 아닌데, 얼추 죄인들이 한 번 심문을 거치고는 그대로 상하여 쓰러져버리고 마는 자가 많아 설사 좀 더 밝혀줄 만한 마음을 가진 경우가 있더라도 이미 목숨이 끊어진 뒤라 어찌할 길이 없으므로 신은 적이 이를 늘 민망스레 여겨왔습니다.

이제 이모가 이미 한 번 형벌을 겪었는데, 만일 또 형벌을 하게 되면, 무서운 문초로 목숨을 보전하지 못하여 혹시 성상의 호생하시는 본의를 상하게 하지나 않을까 걱정하는 바입니다.

그다음은 청산유수로 이순신과 원균을 슬쩍 세우고 다시 이순신을 내리면서 결과적으로 이순신의 업적을 추켜세우는 구절이다.

저 임진년에 왜적선이 바다를 덮어 적세가 하늘을 찌르던 그날에 국토를 지키던 신하들로서 성을 버린 자가 많고, 국방을 맡은 장수들도 군사를 그대로 보전한 자가 적었으며, 또 조정의 명령조차 사방에 거의 미치지 못할 적에 이모는 일어나 수군을 거느리고 원균과 더불어 적의 예봉을 꺾음으로써 나라 안 민심이 겨우 얼마쯤 생기를 얻게 되고, 의사義士들도 기운을 돋우고 적에게 붙었던 자들도 마음을 돌렸으니, 그의 공로야말로 참으로 컸습니다. 조정에서는 이를 아름다이 여기고 높은 작위를 주면서 통제사의 이름까지 내렸던 것이 실로 당연한 것입니다.

그런데 군사를 이끌고 나가 적을 무찌르던 첫 무렵에 뛰쳐나가 앞장서는 용기로는 원균에게 미치지 못했으므로 사람들이 더러 의심하기도 한 바는 그렇다고 하겠으나, 원균이 거느린 배들은 마침 그때에 조정의 지휘를 그릇되이 받들어 많이 침몰된 것이니만큼, 만일 이모의 온전한 군사가 없었더라면 장한 형세를 갖추어 공로를 세울 길이 없었을 것입니다.

그러니 전쟁에 임하여 피하지 않은 용기는 원균이 가진 바라 하겠지만, 끝내 적세를 꺾어버린 공로로는 원균에게 양보할 것이 많지는 않습니다. 다만 그때에 원균에게도 그만한 큰 공로가 없지 않았는데, 조정의 은전은 온통 이모에게만 미치고 있으니 참으로 애석한 일입니다. 원균은 수군을 다루는 재주에 장점이 있고, 천성이 충실하며, 일에 달아나 피하지 않고, 마구 찌르기를 잘하는 만큼, 두 장군이 힘을 합치기만 하면 적을 물리치기에 어렵지 않을 것이라 신이 매양 어전에서 이런 말씀을 올렸던 것입니다.

다음은 이순신과 원균의 비교이고 선조가 부인할 수 없도록 조근조근 설명하는 구절들이 감동적이다.

조정에서는 두 장군이 서로 맞지 않기 때문에 원균을 다시 쓰지 않고, 오로지 이모만 머물러 두어 수군을 맡아보게 하였는데 ,결국 써보니 이순신은 과연 적을 방어하는 일에 능란하여 휘하 용사들이 모두 즐겁게 쓰이므로 군사들을 잃지 않고 그 당당한 위세가 옛날과 같으므로, 왜적들이 우리 수군을 겁내는 까닭도 혹시 거기에 있지 않나 하거니와, 그가 변방을 진압함에 공로가 있음이 대강 이와 같더라는 식으로 쓴 것이다.

또 여기에 붙여 어떤 이는 이순신이 한 번 공로를 세운 뒤에 다시는 내세울 만한 공로가 별로 없다고 하여 대수로이 여기지 않는 이도 있으나, 신이 가만히 생각해본 바 그러하지 않다고 적극 변호하고 나선 것이다.

다음을 보면 정탁이 할 말은 하는 재상임을 여실히 알 수 있다.

지난 장계 가운데 쓰인 사실이 허망함에 가까우므로 괴상하기는 하지만, 아마 그것은 아랫사람들의 과장한 말을 얻어들은 것 같으며, 그 속에 정확하지 못한 것들이 들어 있지나 않은가 여기며, 만일 그렇지 않다면 이모가 정신병자가 아닌 이상 감히 그럴 수 있으리라고 신은 자못 풀어볼 길이 없습니다.

이 구절은 할 말을 적당히 절제하면서도 하고 싶은 내용을 조목조목 정리해서 선조를 설득하는 명문 중의 명문이다.

만약에 난리가 일어났던 첫 무렵에 공로를 적어 올린 장계가 낱낱이 사실대로 쓰지 않고 남의 공로를 탐내서 제 공로로 만들어 속였기 때문에 그로써 죄를 다스린다 하면 이모인들 또한 무슨 변명을 할 수 있겠습니까. 그러나 세상에 완전무결한 사람을 빼고는 저와 남이 상대할 적에 남보다 높고자 하는 마음을 품지 않은 자가 적고, 어름어름하는 동안에 잘못되는 일이 많으므로, 윗사람이 그 저지른 일의 크고 작음을 자세히 살펴서 경중을 따져 처리할 수밖에 없습니다.

(중략)

이모는 참으로 장수의 재질이 있으며, 수륙전에도 못하는 일이 없으므로 이런 인물은 과연 쉽게 얻지 못할 뿐더러, 이는 변방 백성들의 촉망하는 바요, 왜적들이 무서워하고 있는데, 만일 죄명이 엄중하다는 이유로 조금도 용서해 줄 수가 없다 하고, 공로와 죄를 비겨볼 것도 묻지도 않고, 또 능력이 있고 없음도 생각지 않고, 게다가 사리를 살펴줄 겨를도 없이 끝내 큰 벌을 내리기까지 한다면 공이 있는 자도 스스로 더 내키지 않을 것이요, 능력이 있는 자도 스스로 더 애쓰지 않을 것입니다. 그러므로 비록 저 감정을 품은 원균 같은 사람까지도 편안하지 못할 것이며, 안팎의 인심이 이로 말미암아 해이해질까 봐 그게 실상 걱정스럽고 위태한 일이며, 부질없이 적들만 다행스럽게 여기게 될 것입니다.

그러고는 이렇게 마무리를 지었다.

일개 이모의 죽음은 실로 아깝지 않으나, 나라에 관계되는 것은 가볍지 않은 만큼 어찌 걱정할 만한 중대한 일이 아니겠습니까. 그러므로 옛날에도 장수는 갈지 않고 마침내 큰 공을 세우게 했던 바, 진나라 목공穆公이 맹명 장군에게 한 일과 같은 것이 실로 한둘이 아니거니와, 신은 구태여 먼 곳의 사실을 따오고자 아니하고 다만 성상께서 하신 가까운 사실로써 말할지라도, 박명실이 한때의 명장인데 일찍 국법에 위촉되었으나 조정에서 특별히 그 죄를 용서해주었더니, 얼마 안 되어 충청도에 사변이 일어나 기축년 때보다 더한 바 있었는데, 명실이 나가 큰 변을 평정시켜 나라에 공로를 세운 것이야말로 허물을 용서하고 일을 할 수 있게 한 보람이 나타난 것입니다.

이제 이모는 사형을 받을 중죄를 지었으므로 죄명조차 극히 엄중함은 진실로 성상의 말씀과 같습니다. 이모도 또한 공론이 지극히 엄중하고 형벌 또한 무서워 생명을 보전할 가망이 없는 것을 알고 있을 것입니다. 바라옵건대 은혜로운 하명으로써 문초를 덜어주셔서 그로 하여금 공로를 세워 스스로 보람 있게 하시면, 성상의 은혜를 천지부모와 같이 받들어 목숨을 걸고 갚으려는 마음이 반드시 저 명실 장군만 못지 않을 것입니다. 성상 앞에서 나라를 다시 일으켜 공신각에 초상이 걸릴 만한 일을 하는 신하들이 어찌 죄수 속에서 일어나지 않으리라고 하겠습니까. 그러므로 성상께서 장수를 거느리고 인재를 쓰는 길과 공로와 재능을 헤아려보는 법제와 허물을 고쳐 스스로 새로워지는 길을 열어주심이 한꺼번에 이루어진다면, 성상의 난리를 평정하는 정치에 도움됨이 어찌 옅다고만 하겠습니까.

이로써 선조로부터 특별히 사형을 면해주라는 명이 내려졌다. 이때 정탁의 나이 72세였다.

물론 정탁 홀로 이순신을 구했다고 말하기는 어려울 것이다. 앞서 설명했듯 그는 류성룡과도 각별히 친한 사이였기에 정탁의 〈신구차〉는 류성룡의 우회적 상소였다는 분석도 나오며, 실제로 그러할 개연성이 농후하다.

원래 정탁의 〈신구차〉는 2차에 걸려 상소문으로 올릴 예정이었다. 1차로 올린 〈이순신옥사의〉를 통해 이순신을 구명하려는 자신의 뜻이 관철되지 않자 정탁은 다시 2차로 신구차 상소문을 준비하게 된다. 그

정탁 영정 임진왜란이 터지자 66세의 노령에도 의주로 피난하는 선조를 호위하고, 이듬해 명 대신 송응창을 영접했다. 정유재란이 터지자 전장에 나가 독려하려는 것을 선조가 말릴 정도로 불 같은 성품이었다. 이순신·곽재우·김덕령 등 명장을 발탁할 만큼 안목이 탁월했으며, 특히 이순신이 전장에 나아가지 않았다는 죄목으로 압송되어 목숨이 경각에 처했을 때 1298자의 〈신구차〉 상소문을 올려 장군의 목숨을 구했다. (문화재청 보물 487호, 출처: 한국학중앙연구원)

러나 그 사이에 이순신의 방면이 결정되고, 백의종군하라는 어명이 내려지자 2차 〈신구차〉는 선조에게 전달되지 않았다. 이는 2019년 12월 30일자로 군사편찬연구소가 《임진기록》을 번역 완간함으로써 새로 알려졌다.

정탁은 이 글에서 "전번에 의론을 수합한 것은 이미 장계로 올리고 (이순신옥사의) 이 차자를 미처 올리지 못하고 있을 때 사형을 감면한다는 어명이 내려왔기에 그만두었다. 이는 3월 아무 날이다"라고 스스로 확인하고 있다.

어쨌든 조선 전쟁사에서 정탁이 '나라를 구했다'라는 표현은 바로 이 〈신구차〉의 공을 두고 하는 말이다. 정탁이 노구에도 불구하고 적극적으로 나서서 이순신의 구명을 선조에게 청하지 않았다면 과연 조선이 살아남았을지 아무도 장담하기 어려울 것이다.

정탁의 〈신구차〉에 대해서는 다행히 우리나라 군사편찬연구소가 새로 전면 국역 작업을 통해 정리하여 새로운 시각을 제공해주고 있어 도움이 된다. 이렇게 이순신과 관련한 연구가 날마다 새로 진행되는 것은 매우 다행스럽고 바람직한 일이다. 군사편찬연구소는 이번 국역 작업 중에 〈정유년 봄 이순신 옥사기〉를 포함시켜 재해석해 내놓았으니 독자 여러분의 일독을 권한다.

아들을 살리려면 내가 죽어야 한다

한편 모친 변씨가 이 소식을 들은 것은 정유년(1597) 2월 27일 아침쯤이었을 것으로 짐작된다. 자신이 그토록 아끼던 셋째 아들 순신이 파직당하고 서울 의금부에 하옥되었다는 소식은 청천벽력과 같은 것이었다. 그리고 변씨는 그 소식을 듣자마자 자신이 직접 서울로 올라갈 것을 결심했을 것이다. 그럴 수밖에 없는 것이, 너무나 남달랐던 모자 사이였기 때문이다. 순신에게는 어머니가 하늘이었고, 어머니로서는 아들이 자신의 기둥이자 마지막 희망이었다. 변씨로서는 얼마 남지 않은 자신의 생애를 바쳐서라도 그토록 애틋한 아들의 삶과 바꾸고 싶었을 것이다.

여든셋의 나이에 노환으로 병중에 있던 그녀는 살 날이 얼마 남지 않았는데 아들 순신의 얼굴도 보지 못하고 영영 이별하게 될 것을 염려했다. 이대로라면 자신이 먼저 죽든가, 순신이 먼저 감옥에서 죽을 수도 있다는 생각이 들었을 법도 하다. 아들 이순신의 대쪽 같은 성격을 누구보다 잘 알았기 때문이다. 순신은 이런저런 핑계를 대거나 자신을 지키려고 굽히지 않는 인물이었으니 말이다. 따라서 의금부에서 고문을 당하다 죽으면 죽었지, 굽히지 않을 것이라는 점을 변씨는 알고 있었다. 그래서 결국 노구를 이끌고 순신을 만나러 서울로 올라가기로 결단을 내렸다.

"내가 죽고 아들이 살아야 한다면 마땅히 죽겠다"라는 결심으로, 그동안 자신이 그래 왔던 것처럼 모든 것을 정리해두고 곁에 와 있던 막내아들 우신에게 모든 것을 맡기고 길을 떠나기로 했다.

마음으로는 막내 우신, 그리고 손자 뢰와 그의 동생들, 분, 번, 완과 두 딸, 둘째 요신이 낳은 봉, 해와 딸, 셋째 순신이 낳은 회, 울, 면과 딸 모두에게 전할 말들이 많았겠지만 그녀는 가뿐하게 행장을 정리하고 뱃길을 나섰다.

그러나 변씨는 이미 목숨만 붙어 있지, 살았다고 할 몸의 형편이 아니었다. 웬만해선 이 뱃길을 떠나지 않아야 했다. 더구나 고령에 병든 몸이 아니던가. 아무리 말려도 듣지 않는 성격이라, 모두가 마지막 뱃

울돌목 울돌목의 거센 조류. 장군의 동상이 세찬 물길을 바라보고 있다.

길이 될 것임을 알고 있었을 것이다.

지역 뱃사람들은 원래 아주 급한 일이 아니면 음력 2, 3월에는 배를 띄우지 않았다. 너무나 위험하기 때문이다. 삼월 그믐날 즈음이면 서해 앞바다는 지금이나 예나 모두 난리가 아니다.

음력 3월이라면 양력으로는 4월이나 5월이다. 그래도 바닷물은 차갑고, 낮엔 따뜻해지지만 밤에는 식어버린다. 차가운 바닷물과 따뜻해지는 공기의 기온 차로 바다가 그야말로 종잡을 수 없게 되는데, 안개가 끼면서 뱃길 잡기가 어려워지는 탓이다.

바람이 제멋대로 부는 것도 어려운데, 물길은 봄날 들어 제멋대로 춤을 춘다. 서해 고군산열도와 태안 근방은 조수 간만의 차도 큰 데다 뻘 안개까지 자주 끼어, 늙은 사공들조차 고개를 절레절레 흔드는 곳이다.

초계 변씨의 뱃길 추정도 노쇠하고 병약한 모친이 육로로는 도저히 움직일 수가 없자 뱃길로 한양 감옥에 갇힌 아들을 보고자 길을 나섰다. 정확한 고증은 어렵지만 작은 선박으로 외해로 나가기 어려워 내해 뱃길을 이용, 울돌목을 지나 법성포까지 갔다가 안개속에서 배가 표류하는 바람에 엿새를 고생하고 도착 직전 사망한다. 그 긴 여정을 버텨낸 초인적인 모습에 감동하게 된다.

이 때문에 뱃사람들조차 고령의 모친을 배에 태우는 데 난색을 표하면서 강력하게 반대했다. 그러나 모친 변씨의 "내 관을 짜서 배에 실으라!"는 외침에는 두손 두발 다 들 수밖에 없었다. 아들 손자들, 이웃과 투박한 뱃사람들의 반대를 단번에 밀쳐내버린 한반도 최고의 어머니이자 여장부였던 초계 변씨의 단호한 의지가 통한 순간이었다.

모친 변씨의 뱃길은 백야도, 여도, 낭도, 사도, 홍양 발포로 이어졌다가 나로도를 지나 고금도 앞바다부터는 더욱 어려워졌을 것이다. 그다음은 완도를 거쳐 땅끝을 돌아 벽파진으로 뱃길을 잡았을 것으로 추측된다. 그리고 조선 천지에서 물살 세기로 제일가는 진도의 울돌목을 지나는 것은 아무도 장담하기 어려운 것 아닌가.

울돌목을 뱃길로 지나치려면 간이 콩알만 해지는 법이다. 바닷물이 쿵쾅거리며 큰 울음소리를 내고 달려가기 때문에 아무리 큰 배도 물살 가르기가 어렵다. 필자가 답사를 갔을 때 마침 해군 경비정 한 척에 상당수의 인원이 타고 물살을 가르며 울돌목을 지나고 있었는데, 현대의 경비정임에도 급하게 흐르는 조류를 헤쳐내기 힘들어하는 모습을 볼 수 있었다.

그다음으로 변산을 무사히 통과해도 고군산군도, 그리고 뻘안개로 악명 높은 지역들이 남아 있었다. 모친 변씨는 장정들도 힘들어하는 이 어려운 해협을 지나 서해로 올라가다가 기어코 변을 당하고 말았다.

법성포 앞바다는 그때나 지금이나 뱃길이 험한 곳이다. 그곳을 지나면서 엿새나 표류하고 게바위까지 왔으나 도착 직전에 숨을 거두고 만 것이다.

이순신의 예감은 틀리지 않았다

4월 11일 맑다.

새벽꿈이 매우 어지러워 다 말할 수가 없다. 덕을 불러서 대략 말하고 또 아들 울에게 이야기했다. 마음이 몹시 불안하다. 취한 듯 미친 듯 마음을 걷잡을 수 없으니, 이 무슨 징조인가! 병드신 어머니를 생각하니, 눈물이 흐르는 줄도 몰랐다. 종을 보내어 소식을 듣고 오게 했다. 금부도사는 온양으로 돌아갔다.

꿈을 통해 미래를 예지하는 것일까? 이순신으로서는 어머니에 대한 걱정도 많았을 것이다. 그것이 꿈으로 나타났다고 말할 수도 있겠다. 하지만 신기하게도 어머니의 죽음을 그는 꿈으로 알아맞히고 있다.

4월 12일 맑다.

사내종 태문이 안흥량[11]에서 들어와 편지를 전하는데, "어머니께서는 숨이 곧 끊어질 듯합니다. 초9일에 위·아래 모든 사람이 모두 무사히 안흥량에 도착하였습니다"라고 했다. 그런데 "법성포(영광군 법성면 법성리)에 이르러 배를 대어 잘 적에 닻이 끌려 떠내려가서 배에 머물며 엿새나 서로 떨어져 있었으나 탈 없이 만났고 무사합니다"라고 했다. 아들 울을 먼저 바닷가로 보냈다.

---

11 박종평 작가는 안흥량을 충남 태안군 근흥면 정죽리 해협이라고 표기했다.

초계변씨 묘소 초계 변씨와 남편 이정은 아산시 음봉면 삼거리 산 중턱에 함께 묻혀 있다.

멀쩡한 청년들도 배가 떠내려가서 엿새를 표류하면 죽어 넘어질 것이다. 서해 앞바다는 원래 이렇게 날이 궂었다. 짙은 뻘안개와 변덕스러운 날씨에 뱃사람들도 두 손 두 발 다 드는 상황이었다. 그러니 이 사태를 겪은 모친 변씨는 체력적으로도 심적으로도 한계에 처했을 것으로 짐작된다. 아직 뱃전에 있으니 아들의 석방 이야기는 듣지도 못했을 것이다.

변씨로서는 흔들리는 뱃전에서 지독한 뱃멀미와 싸우며, 살아남으려는 것보다 아들을 만나려는 간절한 마음으로 지금까지 버텼을 게다. 그러나 이제 세상을 하직하는 순간이 다가오고 있었다.

그에게 가장 중요한 바람은 아들의 무죄 석방이요 복직이었다. 그 바람을 하늘에 빌고 자신의 목숨을 대신 가져가주기를 간절히 바라며 기도했을 것이다.

"하늘이시여, 내 목숨을 받으시고 내 아들 순신을 살려주소서. 제발 살려주소서."

이 바람이 하늘에 통했을까? 결국 이순신은 풀려났고, 어머니가 뱃길로 상경한다는 소식에 한달음에 아산으로 달려가고 있는 아들이었다. 그러나 아들은 살고 어머니가 대신 목숨값을 치러버린 형국이 되었다.

4월 12일에 종 태문이 편지를 들고 온 것은 도착일이니 떠날 때 상황을 전한 것이라 초아흐레까지는 모친 변씨가 분명 살아 있었다. 그러나 그 사이에, 아마도 11일에 그 수壽가 다한 것이리라.

이 과정을 다시 한번 일지로 살펴보자.

모친 변씨는 아들이 살아야 한다는 강력한 열망을 안고 있었다. 그 열망이 몇몇 사람에게 계속 마음에서 마음으로 전달되고 있었던 것은 아닐까. 꼭 살려내야 한다는 모친의 간절하고 절박한 마음이 통했던지 이원익, 정탁 등의 사형 반대 청원이 속속 선조에게 전달되기 시작했다. 결국 선조도 마음을 돌이켰다. 조선으로서는 천행 천운이었다. 모친의 염원이 하늘을 움직이고 사람들을 움직인 것이리라.

그다음 일기는 우리가 익히 아는 대로 이순신의 통곡의 현장이다.

4월 13일 맑다.
일찍 아침을 먹은 뒤에 어머니를 마중 가려고 바닷가로 가는 길에 홍

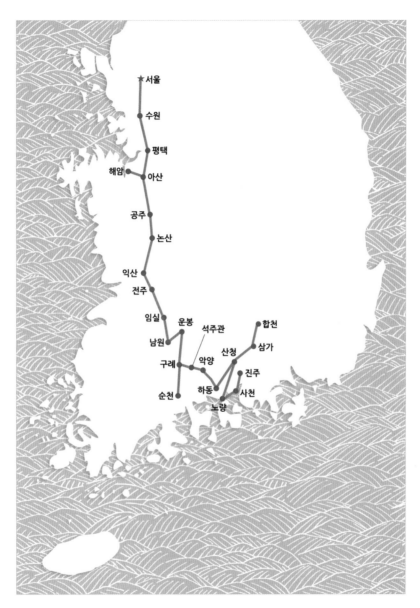

이순신의 백의종군로 이순신은 권율의 지휘를 받기 위해 백의종군의 길을 나섰다. 대략 그림과 같은 노정을 거쳤을 테지만 학자들마다 종군길 지도에 대한 해석이 다르다.

찰방 집에 잠깐 들러 이야기하는 동안 아들 울이 종 애수를 보내면서 "아직 배 오는 소식이 없다"고 하였다. 또 들으니, "황천상이 술병을 들고 변홍백의 집에 왔다"고 한다. 홍찰방과 작별하고 변홍백의 집에 이르렀다. 조금 있으니, 종 순화가 배에서 와서 어머니의 부고를 전했다. 뛰쳐나가 가슴 치며 발을 동동 굴렀다. 하늘이 캄캄했다. 곧 게바위(아산시 염치읍 해암리)로 달려가니, 배는 벌써 와 있었다. 애통함을 다 적을 수가 없다. 뒷날에 대강 적다.

이 일기는 사실 4월 13일자이니 모친은 그보다 조금 앞서 세상을 떠난 것이 분명하다. 이순신은 대성통곡하고서도 아무런 해결책을 내놓을 것이 없었다. 운명을 거스를 수도 없었고 또한 바꿀 수도 없는 일이었다.

자신은 백의종군의 몸이라 신분이 자유롭지도 않았다. 전선으로 달려가야 할 입장이니 모든 것이 분주했다. 마음속에는 온갖 회포가 일어 마음이 편치 않았을 것이다. 그렇지 않아도 예민한데 어머니 없는 세상을 어떻게 살아갈까 생각하자 자신도 더 이상 살고 싶은 생각이 없었을 것이다. 그래서 일기를 대강 적을 수밖에 없었던 상황임을 알 수 있다. 또 그 정신에도 일기를 쓰는 이순신의 모습이 안타깝고 대단하다는 생각이 든다.

4월 19일 맑다.
일찍 나와 길을 떠났다. 어머니 영전에 하직을 고하며 울부짖었다. 천

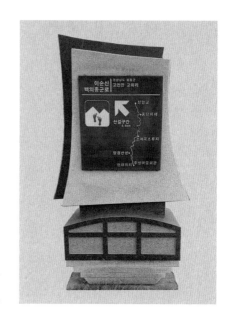

이순신 백의종군로 이순신 장군의 백의종군로를 기념하고자 전국에 세워진 안내 비석.

지에 나 같은 사정이 어디 또 있으랴! 일찍 죽느니만 못하다. 조카 뢰의 집에 이르러 조상의 사당 앞에서 아뢰었다. 금곡(연기군 광덕면 대덕리)의 강 선전의 집 앞에 이르니 강정·강영수 씨를 만나 말에서 내려곡했다. 그 길로 보산원(연기군 광덕면 보산원리)에 이르니, 천안군수가먼저 냇가에 와서 말에서 내려 쉬었다 갔다. 임천군수 한술은 중시 보러 서울로 가던 중에 앞길을 지나다가 내가 간다는 말을 듣고 들어와조문하고 갔다. 아들 회·면·울, 조카 해·분·완과 주부 변존서가 함께천안까지 따라 왔다. 원인남도 와서 보고 작별한 뒤에 말에 올랐다.일신역(공주시 장기면 신관리)에 이르러 잤다. 저녁에 비가 내렸다.

이순신의 온 가족이 다 출동한 장면이다. 아산에 머물러 장례를 치

러야 하겠지만 조카들과 아들들 모두가 그를 전송하며 염려하는 모습
이 눈에 선하다. 아버지이자 숙부 이순신이 할머니를 얼마나 사랑하고
존경하며 보듬어왔는지를 아는 그들로서는 그 아픔과 슬픔을 모른 체
할 수 없었을 것이다. 그들이 표현할 수 있는 방법은 그저 묵묵히 이순
신을 위로하면서 눈물을 삼키고 배웅하는 것 말고는 없었을 것이다.

5월 2일 저녁나절에 비 내렸다.
원수(권율)는 보성으로 가고, 병마사(이복남)는 본영으로 갔다. 순찰사
(박홍로)는 담양으로 가는 길에 와서 보고는 돌아갔다. 순천부사(우치
적)가 와서 봤다. 진흥국이 좌영에서 와서 눈물을 뚝뚝 흘리면서 원
균의 일을 말했다. 이형복·신홍수도 왔다. 남원의 종 끝돌이가 아산
에서 와서 어머니 영연이 평안하다고 한다. 또 변유헌은 식구를 데리
고 무사히 금곡에 도착하였다고 했다. 홀로 빈 동헌에 앉으니, 비통
함을 어찌 참으랴!

5월 4일 비가 내렸다.
오늘은 어머니 생신날이다. 슬프고 애통함을 어찌 참으랴! 닭이 울
때 일어나 눈물만 흘릴 뿐이다. 오후에 비가 많이 내렸다. 정사준이
오고, 이수원도 왔다.

5월 5일 맑다.
새벽 꿈이 몹시 어수선했다. 아침에 부사가 와서 봤다. 저녁나절에

충청우후 원유남이 한산도에서 원균의 못된 짓을 많이 전하고, 또 진중의 장병들이 군무이탈하여 반역질을 하니, 장차 일이 어찌 될지 헤아리지 못하겠다고 한다. 오늘은 단오절인데, 멀리 와 천 리나 되는 땅의 끝 모퉁이에서 종군하느라고 어머니 영전에 예를 못 하고 곡하며 우는 것도 내 뜻대로 못 하니 무슨 죄로 이런 보답을 받는고! 나 같은 사정은 고금을 통하여도 짝이 없을 것이다. 가슴이 갈갈이 찢어지누나! 다만 때를 못 만난 것을 한탄할 따름이다.

6월 14일 흐리되 비는 오지 않았다.
이른 아침에 이희남이 들어와서 아산의 어머니 영연과 위·아랫사람들이 두루두루 무사하다고 한다. 쓰리고 그리운 마음을 어이 다 말하랴! 아침밥을 먹은 뒤에 이희남이 편지를 가지고 우병사(김응서)에게 갔다.

6월 15일 맑고 흐리기가 반반이다.
오늘은 보름인데, 군중에 있으니, 어머니 영전에 잔을 올리어 곡하지 못하니, 그리운 마음을 어이 다 말하랴! 초계 원이 떡을 마련하여 보냈다. 원수의 종사관 황여일이 군관을 보내어 말하기를, "원수가 산성으로 가려고 한다"고 전했다. 나도 뒤를 따라 가서 큰 냇가에 이르렀다가 혹시 다른 계획이 있을까 염려되어 냇가에 앉은 채로 정상명을 보내어 병이라고 아뢰게 하고서 그대로 돌아왔다.

6월 26일 맑다.

아산 종 평세가 들어와서 어머니 영연이 평안하고, 집집이 위·아랫
사람들이 다 평안하다고 했다. 다만 석 달이나 가물어서 농사는 틀려
가망이 없다는 것이다. 장사 지낼 날은 7월 27일로 미루어 잡았었는
데, 또 8월 4일로 잡았다고 했다. 그리운 생각에 슬픈 정회를 어찌 다
말하랴!

7월 17일 [양력 8월 29일] 〈병신〉 가끔 비가 내렸다.

변대헌·정운룡·득룡·구종 등은 초계 아전인데 어머니 쪽의 같은 파
사람들로서 와서 봤다. 큰비가 종일 내렸다. 이름을 적지 않은 사령
장을 신여길이 바다 가운데서 잃어버린 일로 심문받으러 갔다. 경상
순변사가 그 기록을 가져갔다.

이 기록을 일일이 옮겨 쓴 것은 《난중일기》를 직접 볼 여유가 없는
독자 여러분을 위해서이다. 이 구절들로 모친 변씨와 이순신 모자 간
의 사랑을 확인할 수 있을 것이다.

3부 정리편

여기까지 본문을 읽으신 독자분들에게 필자의 생각을 정리해 드리기 위해 본문 요약의 별도 장을 만들어보았다.

◎ 결국 우려하던 대로 임진왜란이 일어났다. 1592년 4월 13일이었다.

◎ 당시 순신은 정읍현감으로 있다가 전란 발발 전에 전라좌수사로 발탁되었다. 여기에는 서애 류성룡의 도움이 절대적이었다. 서애는 전란을 대비하기 위해 이순신과 권율을 뽑아 요직에 세워둠으로써 장래에 대비코자 했다.

◎ 모친 변씨는 순신이 전라좌수사로 발령 나자 아산으로 일단 돌아갔다가 앞뒤 일을 세심히 살핀 후 여수로 단독 이거하기로 마음먹었다. 며느리 방씨는 아산에서 고향과 본가를 지키게 하고 셋째 손자 이면이 어머니 방씨를 모시게 하면서 자신은 셋째 아들 이순신을 여수에서 지켜주기로 결단한 것이다. 그녀는 이미 78세의 고령이었다.

◎ 변씨는 고령이라 육로 이동이 불가능하자 뱃길을 통해 아산에서 여수 전라좌수영으로 이사하기로 했다. 이 뱃길은 나중에 이순신이 모함을 받아 감옥에 갇히자 아들을 만나기 위해 상경하는 길로 다시 이용하게 된다.

◎ 마침 여수 송현마을에는 간성댁 정계생의 후손인 정대수 가문이 살고 있었다. 순신은 이곳에 어머니가 거주할 곳을 마련한다. 좌수영과 그리 멀지 않고 여수 선소와 무기창 근처였으며 바다가 지적인 곳이었다. 또 바다 앞쪽으로는 5관 5포의 중요한 요새들이 여수를 지키고 있어 방비가 든든한 곳이라 마음을 놓을 수 있는 곳이기도 했다.

◎ 정대수 집안의 형제 조카들은 5년간 초계 변씨와 순신의 동생 우신, 그리고 조카들까지 삼대를 돌보며 크고 작은 일을 후원해, 그 업적이 길이 전해져온다. 그들의 업적을 기리기 위해 현재 여수 송현마을에 오충사가 세워져 있다.

◎ 순신은 이곳에 모친을 모심으로써 정신적인 안정을 얻었고 어머니 안위를 걱정하지 않으며 전쟁을 치를 수 있었다. 모친 변씨는 이것까지 염두에 두고 고령임에도 불구하고 여수 이거를 감당키로 한 것이었다. "내 아들이 기쁠 수만 있다면…" 오직 이 마음 하나로 고달픈 타향살이를 기꺼이 감당한 것이다.

◎ 삼도수군통제사가 된 아들 순신은 여수 전라좌수영에서 한산도로 지휘부를 옮겨 갔다. 하지만 천혜의 요새지인 여수에 어머니를 그대로 모셔두었다.

◎ 모친 변씨는 이곳에서 자신의 생애를 마감할 준비를 하고 있었다. 아들 순신은 이제 자주 갈 수도 없는 형편이었지만 일정이 되면 어머니를 뵈러 갔다. 《난중일기》에는 그런 모친 방문의 일정이 그의 공무상 일정 속에 조금씩 드러나 있어 그의 지극한 모친 사랑을 엿보게 한다.

◎ 순신과 모친에게는 운명적인 이별의 순간이 다가오고 있었다. 왜군의 수뇌부가 획책한 이간질에 조정의 무능한 신하들과 선조가 걸려들었고, 결국 간첩 요시라의 술수에 넘어간 선조는 순신을 급작스럽게 하옥하고 죽음 직전으로 몰고 간다. 그에 대한 처벌은 법리 적용에도 문제가 많았으며 게다가 형평성마저 잃어버린 치사하고 옹졸한 것이었다.

◎ 그나마 순신을 지지하던 충신들이 구명운동에 나섰다. 이원익, 정경달 등이 나섰고 서애의 후원을 입은 판중추부사 정탁이 나섰다. 그가 올린 〈신구차〉는 지혜로운 명문이라 지금도 원문과 해석이 전해 온다.

◎ 이 사이에 아들의 하옥 소식을 들은 모친 변씨는 이번 일로 아들을 잃을 수 있겠다는 절박한 심정으로 서울행을 과감하게 결심한다. 아들 손자가 모두 말리는 와중에도 그녀는 "내 관을 짜서 배에 실으라, 나는 죽어서도 서울에 가서 통제사 아들을 만나고야 말 것이야"라고 외쳤다.

◎ 모친 변씨와 막내 우신, 그리고 조카들은 우리가 아는 그 뱃길로 목숨을 건 마지막 여행을 떠날 준비를 마친다. 이 뱃길은 뱃사람도 움직이기 싫어하는 음력 2, 3월의 죽음의 뱃길이었다.

◎ 이 뱃길에서 자신의 죽음을 예감한 모친 변씨는 자신을 운명의 제물로 드리고 아들을 살릴 수만 있다면 기꺼이 그 길을 택할 것이라고 결심한 듯하다. 그리고 그 운명의 길을 망설임 없이 걸어갔다. 83세의 고령에 노환으로 앞날을 기대하지 못하는 노인이 순신에게 줄 마지막 선물이었다.

◎ 이 뱃길은 너무나 험했다. 뻘안개와 강풍, 지독한 뱃멀미를 견뎌내야 했던 모친 변씨는 법성포에 도착했다가 닻이 풀리는 바람에 표류하며 6일간을 망망대해 속에서 헤매야 했다. 그 모진 뱃길 속에서 버티던 모친은 결국 숨을 거두고 세상을 하직하고 말았다.

◎ 순신은 어머니의 바람대로 풀려났다. 그와 모친이 상봉한 것은 4월 13일, 아산 게바위 앞이었고 어머니는 싸늘한 시신으로 돌아왔다.

◎ 순신은 하늘이 캄캄해져 뛰쳐나가 가슴을 치며 발을 동동 굴렀다고 《난중일기》에 썼다. 당시 게바위 앞에서 통곡하고 일기를 쓰며 또 통곡했을 것이다. 백의종군 길로 아산에 돌아온 쉰 넘은 장군의 몸부림은 차마 눈 뜨고 볼 수 없는 애통의 현장이었다.

◎ 순신은 이 슬픔을 이겨내며 권율이 있던 초계로 묵묵히 발걸음을 옮겨 갔다. 그로서는 자신이 어머니에게 씻을 수 없는 불효를 저질렀다고 생각했을 것이다. 그리고 명량에서, 노량에서 보여준 그의 목숨을 건 장거는 어머니에게 진 빚을 갚기 위한 처절한 은혜 갚음이었을 것이다. 결국 실제로 그는 노량 앞바다에서 자신의 목숨을 미련 없이 던져 넣었다.

변씨의 가르침을 받은
빛나는 후손들

모친의 죽음에 변씨 후손들이 대동단결하다

초계 변씨와 셋째 아들 이순신의 가르침은 당대 이후로도 계속 이어졌다.

책을 정리하면서 더욱 느끼게 되는 것은, 전라좌수영 옆 여수 송현 마을에 살면서 변씨가 가만히 있지 않고, 여러 지역의 변씨 친인척들과 만나면서 이순신을 지지해줄 수 있는 지원세력을 튼튼히 준비해준 것이 아닌가 하는 추측이다.

특히 변씨 가문의 청장년들을 대거 발굴·지원토록 하는 체제를 갖추어가게 만든 시초도 변씨가 제공한 것이 아닐까 싶다. 왜냐하면 영호남 등지에서 일어난 의병들 명단과 전사자 명단들, 곳곳에 세워진 유허비와 전승의 기록들을 보면, 초계 변씨의 후손들이 나라와 이순신을 위해 기꺼이 참전하여 목숨을 바쳐 싸운 흔적들이 남아 있기 때문이다.

이희신 묘소 이희신은 이정과 초계 변씨의 맏아들이다. 그는 벼슬을 하지 않고 본가에 머물면서 어머니 변씨와 동생, 조카들을 챙기고 가문을 지켰다.

조정[官]에 의존하지 않고 스스로 자립할 수 있는 자주적 지원체제를 갖추도록 보성과 장흥 등지의 초계 변씨 집성촌을 중심으로 활발한 연락망을 가동하고, 실제로 삼도수군 재건과 명량해전 승리에 큰 도움을 주는 원동력을 모친 변씨가 제공한 것이라는 심증과 함께, 일부이긴 하지만 물증도 보게 되었다.

모든 어머니는 자식의 의지처라는 점에서, 어머니에 대한 지극한 사랑이 있었던 이순신도 주요 해전에서 대승의 에너지를 어머니로부터 공급받았을 것이라고 짐작해보게 되는 것이다.

자식의 입장에서는 누구나 영원히 불효를 자책하게 되지 않는가. 반면 변씨와 같은 어머니에게 아들은 꿈의 대행자이자 정신적 의지처이고, 희망의 대상이면서도 자기 삶의 연장이 아니었을까? 변씨로서는 아들 이순신에게 모든 것을 걸었다고 해도 지나치지 않을 것이다. 그리고 아들 순신 역시 어머니를 위해 모든 것을 걸 준비가 되어 있었을

이요신 묘소 이요신은 동학에서 류성룡과 함께 수학한 벗으로, 이순신을 류성룡에게 소개한 것으로 추정된다. 그는 촉망받는 인재였으나 일찍 세상을 떠나는 바람에 대과에 이르지 못했다.

것이다.

이런 모자간의 뜨거운 사랑은 후손들에게 과연 어떤 영향을 미쳤을까?

초계 변씨의 후손들도 변씨의 가르침대로 행하며 정도를 걸었고 정의를 위해, 또 나라와 백성을 위해 희생의 길을 걸었다. 순신이 전사한 후 변씨의 손자들, 순신의 아들과 조카들은 모두 이름값을 하며 활약했다. 남은 가족들 모두 변씨의 가르침과 가문에 대한 사랑, 순신의 위대한 호국·애민 정신을 이어받아 가문과 나라에 부끄럼이 없는 삶을 살아갔던 것이다.

앞서 이야기했듯 변씨의 남편 이정은 1583년 11월 15일 세상을 떠났고, 아들 희신은 1587년 1월에 이승을 하직했다.

변씨의 맏아들 희신은 아들 뢰와 함께 본가를 지키다가 세상을 떠났다. 과거를 보지는 않은 듯하니 벼슬은 하지 않았을 것이나, 남부끄러

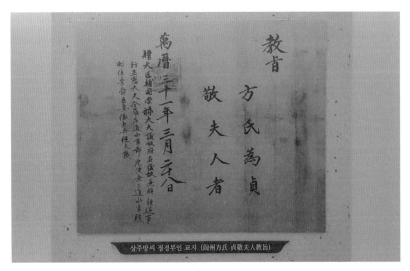

상주 방씨에게 내린 교지(尙州方氏 貞敬夫人 敎旨) 만력 31년이면 1603년이다. 이해 6월 28일에 선조가 내린 정경부인 교지로, 방씨를 위로하고 대우하는 조정의 분위기를 엿볼 수 있다.

운 삶을 살지 않았고 요신과 순신이 없는 가문을 모친 변씨를 모시고 살았으니 양반가 맏이의 도리와 효를 다한 것이다.

요신은 아깝게 요절한 사실로 인해 변씨의 오랜 고통이 되었을 것이다. 변씨가 특별히 아꼈던 요신의 죽음으로 이순신 가문 전체가 슬픔에 잠겼다. 그는 선조 6년이던 1573년 식년시에 생원 2등으로 전체 100명 중 22위를 기록할 정도로 총명하고 지혜로운 인물이었다. 그가 좀 더 오래 살았다면 변씨도 행복했을 것이고 이순신도 가족들, 특히 조카들에 대한 부담을 덜었을 것이나 현실은 그렇지 못했다.

방진의 딸이자 순신의 부인 방씨는 이순신의 무과 급제에 영향을 미칠 만큼 내조를 확실하게 했다. 그녀는 담대하고 올바른 인물로, 시어머니 변씨와 남편, 자식과 조카들을 두루 챙기며 천수를 누렸다. 순신의 전사 이후 조정으로부터 정경부인貞敬夫人의 품계를 받아 영광을 누렸고, 여든이 넘도록 살다가 세상을 떠났다고 한다. 아산에서 남편도 없이 앓다가 죽을 뻔한 고비를 한 번 넘긴 후 오히려 장수한 셈이다. 그리고 부친인 보성군수 방진이 남긴 무인의 정신을 훌륭하게 남편 이순신에게 전하고, 아들과 조카들에게도 전해주었던 것이다.

방씨는 순신과의 사이에 맏이 회, 둘째 울, 셋째 면 등 3형제와 딸 하나를 두었다.

덕수 이씨의 후손들

큰아들 회는 아산과 여수 고음천을 오가며 가문을 돌보고 아버지를 챙겼다. 그런 그의 모습은 아산의 본가를 지킨 큰아버지 희신과 많이 닮아 있다.

회는 순신 막하에서 눈에 띄지는 않았지만 중요한 역할을 맡았다. 특히 행정수발을 하면서 그림자처럼 종군했다고 전한다. 전쟁이 끝난 후 노량해전에서의 공훈으로 선무원종공신이 되어 음사蔭仕로 임실현감을 지냈다. 그는 아버지를 닮아 행정이 맑고 간결하다고 칭송받았고, 선정으로 이름이 높았다. 벼슬은 첨정僉正, 종4품에 이르렀고 이후 원종공신의 녹훈에 좌승지左承旨를 증직받았다.

둘째 울은 나중에 이름을 열葆로 고쳤다. 그는 광해군 때에 문란한 정치에 진저리를 내어 낙향한 다음 시골집에 묻혀 살았다. 형님 회, 사촌 완과 함께 부친 이순신을 도와 참전한 기록이 남아 있다. 그는 절조가 있었고 담백하기가 아버지 같아 주위의 칭송을 받았다. 광해군이 물러나자 충훈부도사忠勳府都事에 임명되어 벼슬이 형조정랑에 이르고, 이후 역시 원종공신의 녹훈에 좌승지를 증직받았다.

셋째 면은 전사하고 나서 후일 이조참의를 추증받았다. 그의 묘소는 지금도 현충사 경내에 모셔져 있어, 찾는 이들에게 귀감이 되고 있다.

딸은 인근 동리에 살던 홍비라는 선비에게 시집갔는데, 홍비는 벼슬이 참판에 이르렀으며 앞서 언급한 홍가신의 아들이다.

서자인 훈薰과 신藎도 이름을 날렸다. 훈은 인조 2년 이괄의 난 중에, 신은 정묘호란 중에 전사했다. 아버지를 그대로 닮아 굵고 짧게 산 것이다.

한편 변씨의 맏아들 희신의 차남 분은 정유재란 이후 순신의 막하에 들어와 있었다. 고금도 통제영에서 군 문서 업무를 맡았는데, 명나라 장수 접대를 하며 총명하고 지혜로워 양국 장병들이 다 탄복했다. 문장이 뛰어나 오늘날 순신의 행적을 살필 수 있게 된 것은 그가 모든 일을 기록하여《충무공행장》으로 남겨둔 덕분이다.

1608년(선조 41) 별시 문과에 병과로 급제하여 형조좌랑·병조정랑이 되었다. 이때《선조실록》편찬에 편수관으로 참여하였고, 1610년(광해군 2)에 서장관書狀官으로 동지사 정경세를 따라 염초焰硝를 사오는 데 공헌하였다 하여 승급되었다. 1617년 강원·경상조도사江原慶尙調度使의 종사관從事官이 되었다.[1]

변씨의 맏아들 희신의 4남 완은 19세부터 순신의 막하에서 가장 많은 일을 했다. 순신이 노량해전에서 전사할 때 곁을 지켰고, 순신의 명을 받아 대신 전투를 독전하여 승리를 이끌어냈다.

이완은 1599년 무과에 급제하여 1618년(광해군 10) 때 평양중군平讓中軍을 지냈다. 후에 1623년(인조 1) 충청도 병마절도사에 올랐으며 이듬해 이괄李适의 난을 평정한 공으로 가선대부에 올랐으며 의주 부윤으로 있을 때 정묘호란이 일어나자 적과 싸우다가 성이 함락되는 등 대세가 기울자 사촌동생인 이신과 함께 화약고에 불을 지른 후 뛰어들어 분사하였다. 그는 부하들을 엄하게 다루어 다른 이들에게 이야기를 들을 정도로 장졸 관리가 뛰어났으며 스스로 목숨을 나라의 안위와 바꾸었으니 과연 이순신 가문이라는 평을 들었다.

이후 1692년(숙종 18) 그는 강민공剛愍公으로 시호되고 정려문旌閭門이 내려졌으며 1704년(숙종 30) 현 수지구 고기동(손기마을)에 정려문이 세워졌다. 이완은 증조부 이백록의 묘소와 가까운 용인 수지 고기리에 묻혀 지금도 찾아볼 수 있다. 사후에 병조판서로 추증됐다. 이완의 묘 및 정려각은 2001년 4월 용인시 향토유적으로 지정되었으며, 본래 정려각은 고기동 167번지의 후손 가옥 내에 있었으나, 2003년 11월 덕수 이씨 강민공종회에서 현 위치로 이전 복원하였다.

이신은 이순신의 측실 아들이니 서자였다. 《정조실록》은 이괄의 난때 전사한 이가 이훈, 의주성에서 전사한 이가 이신이라고 기록하고

---

1 박기현, 《나라의 치욕을 크게 씻어라》(시루, 2017)에서 발췌 정리.

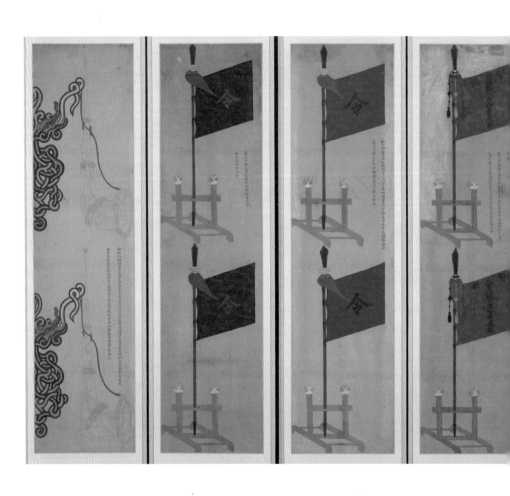

〈팔사품도〉 팔사품(八賜品)은 임진왜란 때 참전하였던 명나라 수군도독 진린(陳璘)이 신종에게 이순신의 전공을 보고하자 신종이 이순신에게 하사한 8종 15점의 물품을 말한다. 이 물품들은 도독인(都督印)을 제외하고는 모두 한 쌍을 이루어 총 15점이다. 출처에 대해서는 이견들이 분분하지만, 그만큼 이순신의 뛰어난 역량을 증거하는 물품이기도 하다. (국립중앙박물관 제공)

있다. 이순신 장군 본인은 물론이고 3남 이면, 조카 이완, 서자 이신과 이훈 모두가 전쟁터에서 목숨을 초개같이 버리며 나라를 지켜낸 것이다. 과연 이순신의 자손답다는 이야기가 그래서 나오는 것이다.

필자는 이 멸사봉공의 정신이 과연 어디에서부터 시작된 것인지 궁금하던 차에, 이번에 모친 변씨의 삶을 추적하면서 그 근본이 바로 모친 변씨로부터 시작된 것임을 유추할 수 있었다. 여러 번 언급했지만 "가서 나라의 치욕을 크게 씻으라"라고 팔순의 나이에 아들보다 나라 걱정이 앞섰던 여인이 바로 모친 변씨가 아니던가. 그 정신이 이순신에게, 그리고 그 아들과 조카에게로까지 들불처럼 번져, 자신의 목숨을 희생하기를 조금도 두려워하지 않은 것이리라.

그래서 이순신 현창 사업에 몰두했던 정조도 이들 가문을 높이 평가했다.

《정조실록》45권, 정조 20년 8월 9일 1796년 청 가경嘉慶 1년
유지걸 등 유씨 집안과 이순신 집안에 시호를 내리는 문제를 논의하다

우의정 윤시동이 아뢰기를,

"고 통제사 유형柳珩과 고 훈련 도정 유병연柳炳然은 할아비와 손자로 모두 송나라 신하 악비岳飛의 일처럼 '진충 보국盡忠報國' 네 글자로 등에 문신을 했었습니다. 유형은 본래 남해 현감南海縣監으로서 충무공 이순신의 노량 해전을 도왔는데 탄환을 맞고도 죽지 않았으니 그 자

사진1. **이완 장군의 묘소** 이순신의 조카로 휘하에서 종군했고, 1598년 노량해전에서 이순신이 전사한 사실을 알리지 않고 독전하여 대승을 거두었다. 정묘호란 때 순국했다.

사진2. **이완 묘 및 정려각 표지판** 용인 수지 고기리 이백록의 묘소에서 그리 멀지 않은 곳에 이완의 묘소가 있다.

취가 매우 위대하였습니다. 유병연은 효종조 때 정익공貞翼公 이완의 천거를 받았는데 선정신 송시열이 비밀 유시를 받고는 그로 하여금 와신상담하는 성상의 의지를 알게 하였습니다. 그의 지혜롭고 용감하며 청백했던 사적이 모두 선정이 찬술한 비문 가운데 실려 있습니다. 문정공文正公 이재李縡가 칭한 바 '중국에는 천고에 한 사람의 무목武穆만이 있었는데 우리나라에는 한 집안에 두 무목이 있다'는 말은 또한 그를 드러내 빛낸 명언입니다. 성상의 조정에서 정전旌典을 시행함에 조그마한 선이라도 반드시 기록하고 있는데 이 두 신하에 대해서만은 아직까지 드러내주는 거조가 없습니다. 호서의 유생과 선비들이 연명으로 신들에게 단자를 올려 그것을 진달해주도록 청하였습니다. 증시贈諡의 실적이 이미 이와 같고 공의 또한 민멸하지 아니하였으므로 감히 이에 우러러 아룁니다."

하니, 전교하기를,

"유씨의 집안에는 어쩌면 그리도 충신과 명장이 많은가. 대체로 증영상 유형과 그 손자 증 판서 유병연은 곧 충무공 이순신과 정익공 이완이 혹 천거하여 자신을 대신하게 하기도 하고 혹 장수의 재질이 있다고 천거하기도 한 사람들이니 그 사람됨을 알 수 있다. 더구나 '진충 보국' 네 글자로 등에 문신을 한 충성은 할아비와 손자가 똑같았으니, 시호를 내리는 은전을 우리나라의 두 무목에게 시행하지 아니하고 누구를 먼저 하겠는가. 특별히 아울러 증시하라."

"이로 인하여 또 생각건대, 충무공의 아들 이면이 정유년에 순국하고

이훈이 갑자년에 순국하였으며 이신이 정묘년에 순국하였는데 정중
하는 전례가 아직까지 시행되지 않았다고 한다. 지금 유지걸을 정중
하는 문제에 대하여 의논하는 때에 차마 충무공의 집안에 이를 시행
하지 않을 수 있겠는가. 해조로 하여금 각기 화함華啣을 증정하도록
하라."

이순신에 대한 관심이 어느 임금보다 높았던 정조는 충무공을 역
사에서 불러내 현양작업을 완수해냈고, 후손들까지 알뜰하게 챙긴 것
이다.

한편 변씨의 둘째 아들 요신의 장남 이봉은 1585년(선조 18)에 무과
에 급제하였으며, 이후 보성과 순천 지역에서 관직생활을 했다. 1592
년(선조 25) 4월에 임진왜란이 일어나자 숙부인 이순신을 수행하였으
며, 왜적을 물리쳐 공을 세웠다. 임진왜란이 끝난 후에는 선무원종공
신 2등에 녹훈되었고 품계가 가선대부로 올랐다. 그후 광해군 때에는
삼척포첨사로 좌천되었으며, 인조 때에는 세상을 피하여 진천鎭川 지역
에 거주하였다가 1650년(효종 1)에 88세의 나이로 세상을 떠났다.

덕수 이씨 가문에서는 이순신 이후 다섯 세대에 걸쳐 많은 충신과
효자가 나왔다. 충남 아산시 음봉면 삼거리 어라산에는 이순신의 가계
인물들이 잠들어 있다. 무장 변수림의 딸 변씨, 즉 순신의 어머니가 문
반 집안의 덕수 이씨 집안으로 들어와 남긴 무반의 혈통은 후일 이순
신이 역임했던 통제사 후임에서 12명의 통제사 후손이 나왔을 정도로
무반 가문의 명예를 지켜냈다. 변씨의 기개 높은 가르침은 덕수 이씨

가문을 오래도록 조선 무반 가문으로 성장시키는 데 큰 힘을 보탰던 것이다.

변씨의 죽음에 뭉친 가문의 후손들

한편 변씨 가문으로부터 많은 인적·물적 후원이 있었다는 증거는 여러 곳에서 발견된다.

특히 이순신이 모함으로 물러났다가 모친 변씨가 별세하고 통곡하며 초계로 내려와 수군 재건을 시도할 때 변씨 가문이 대거 참여한 흔적들이 발견된다. 이들은 명량해전부터 참여해 지포해전 등 크고 작은 해전과 이치산성 전투 등에서 목숨을 초개같이 던지며 왜적을 물리쳤다. 그냥 전투에 참여한 것이 아니라 죽음으로 대항했다.

특히 형제·부자 간 순절殉節이 눈에 띈다. 그만큼 가족 사랑의 정신이 남달랐던 것으로 보인다.

충청도 태생으로 동복 현감을 지낸 변온卞溫, 13세손, 1474-1554이 지금의 장흥 안양면에 입촌하여 입향조가 되었는데 이 후손들이 초계 변씨 형제들과 함께 참전해 이순신 승전의 밑거름이 되었다. 이들은 정유재란 후 이순신의 수군 재건에 힘을 보태고, 각기 크고 작은 전투에서 목숨을 잃었다. 이 흔적이 장흥 안양면 수양리 357-2번지 ㈜안양서초등학교 앞 밭에 13인의 유허비遺墟碑로 세워져 있으나 찾는 이가 없다.

이 유허비는 사자산 아래 동촌 마을을 바라보고 있다. 여기서 안양

13인의 유허비 장흥에 살던 초계 변씨 가문이 이순신을 돕기 위해 대거 의병으로 나섰다. 그중 전사한 이들 가운데 일부 변씨 가문 출신의 장군들이 13인 충훈유허비로 모셔져 있다.

면은 경기도 안양이 아니라 득량도 앞 지역을 말하는 것이다.

　이 유허비는 수양리 태생 후손 **변익수**27세손, 1917-1993**와 변상호**28세손, 1932의 성력과 후손들의 헌성으로 1968년에 세워진 것으로 나타난다. 그러나 필자가 먼 길을 찾아가본 13인의 유허비는 폐타이어와 건설자재로 뒤덮여 과연 유허비인지도 알 수 없을 지경이 되어 있었다. 임진왜란의 구국의 영웅들에 대한 대접이 이러하니, 지자체가 좀 더 정성을 기울여야 할 것 같다.

변씨 가문, 13인의 행적

초계 변씨의 근원지는 역시 합천 초계다. 초계에서 초계 정씨, 주씨, 변씨, 최씨 등 여러 성씨가 나왔는데 변씨 성도 초계에서 비롯한 주요 성씨 중 하나다.

초계에 살고 있으며 지역에서 향교의 전교를 맡고 있는 지역 사학자이자 유학자인 김종탁 선생은 초계 변씨에 대한 관심이 실로 크다. 그에 따르면 시조인 변정실 이후 이 지역은 고려와 조선을 거치는 천 년에 가까운 세월 동안, 여전히 집성촌이 어느 정도 유지되고 있는 많지 않은 곳 중의 하나이다.

전국의 집성촌들은 이미 도시 개발로 거의 사라지고 흩어졌으며, 대동단결을 앞세우던 혈연의 정도 많이 옅어졌다. 그러나 초계 변씨는 여전하다. 타 성처럼 수십만 명에 이르는 것도 아니고 겨우 5, 6만 명인데도 말이다.

김종탁 전교가 필자에게 들려준 이야기로는 초계 변씨들의 협동심은 유난하다고 한다. 지역 기록물 등 곳곳에 일찍이 나타나 있듯, 초계 변씨의 가문 사랑과 결집력은 타의 추종을 불허한다는 것이다.

특히 임진왜란, 그중에서도 삼도수군통제사로 복귀한 이순신 막하

삼도수군통제사 재수임비 이순신 장군은 백의종군에 나섰다가 진주 수곡면 손경례 가옥에서 선조로부터 삼도수군통제사 재수임을 받았다. 장군은 수군 재건을 위해 나섰다가 초계 변씨 일문의 인적·물적 도움을 적지 않게 받은 것으로 보인다.

에 초계 변씨들이 자원하여 들어왔다는 것이다. 그 어머니 초계 변씨가 장군을 키워냈고 장군 대신 배를 타고 상경하다가 목숨을 잃은 이야기가 전해지고 또 전해져 변씨 가문들의 응원을 불러내게 한 것이리라.

사실 모친 변씨가 아산에서 여수로 내려온 이유 중의 하나는 아들 이순신을 가문에서 도울 방법을 찾기 위한 것이었다고 봐야 한다. 게다가 변씨 일가들도 모함을 받고 구사일생 살아나 백의종군에 나선 이순신 장군을 돕고자 문중을 대표할 만한 이들을 보내 장군을 찾았고, 도울 방법을 함께 모색했을 것으로 보인다. 실제로 백의종군 길의 이순신을 돕기 위해 변씨 문중 사람들이 장군을 찾아온 기록도 남아 있다.

정유년(1597) 6월 19일 [양력 8월 1일]

새벽에 닭이 세 번 울 때 문을 나서서 원수의 진에 이르를 즈음에 동트는 빛이 벌써 밝았다. 진에 이르니 원수와 종사관 황여일이 나와서 앉아 있었다. 내가 들어가 뵈었더니 원수는 원균에 관한 일을 내게 말하는데, 통제사(원균)의 하는 일은 흉악함을 말로 다할 수 없다. 조정에 청하여 안골포와 가덕도의 적을 모조리 무찌른 뒤에 수군이 나아가 토벌해야 한다고 한다. 이게 무슨 뜻이겠소? 질질 끌고 나아가지 않으려는 뜻이다. 그래서 내가 사천으로 가서 세 수사에게 독촉하겠다. 통제사(원균)는 지휘하지 않을 것이다.

(중략)

이날은 땅이 찌는 듯했다. 저녁에 작은 워라말 풀을 적게 먹였다. 낮에 군사 변덕기·변덕장·변경완·변경남이 와서 봤다. 진사 이일장도 와서 봤다. 밤에 소나기가 많이 쏟아져 처마에서 떨어지는 물이 쏟아지는 것 같았다.

이 무대는 합천 초계다. 권율 원수가 여기에 도착해 있었다. 이 소식을 듣고 변씨 가문에서 나온 대표 연락책들이 장군을 찾은 것이다. 변씨 문중은 세 지파로 나뉘어 있는데, 전국에 산재해 있으나 특히 영호

남에 많이 살고 있었다. 이날 연락책으로 나온 이들이 이순신을 만나고 난 후 모친의 죽음을 위로하고 도울 뜻을 밝힌 것으로 추측된다.

이렇게 변씨 문중에선 지위고하를 막론하고 이순신을 도우러 나왔다. 특히 장흥 지역에서 변씨 가문이 이순신을 도운 사례는 수두룩하다는 것이 문중의 이야기다. 《장흥군지》에는 이런 기록들이 남아 있다고 한다. 이 대부분은 이순신이 백의종군에서 재부임한 사건과 연관이 있다.

장흥 지역에서 의병을 일으켰던 변씨들은 이순신을 도와 몰락 위기에 처했던 수군을 일으키는 데 크게 기여했다. 이순신이 조정에서 수군을 없애고 육군과 통합하려 할 때 "신에게는 아직도 열두 척의 배가 있습니다"라며 결사 반대한 적이 있었음을 기억할 것이다. 이때 열두 척의 배를 가지고 가서 이순신 수군이 건재하도록 도왔던 사람들이 모두 장흥에 살았던 변씨였다는 주장도 나오고 있으나, 이를 뒷받침할 문헌은 제대로 찾지 못했다.

《장흥군지》의 기록을 보면 군지는 회령진 싸움을 크게 보고 있었는데 이 전투를 전담해서 이끌었던 집안도 변씨였다고 했다. 해전 중 우수영 싸움에서만 변씨를 찾을 수 없을 뿐 모든 세목에서 변씨들이 그 역할을 훌륭하게 수행해냈다는 것이다.

장흥 지역에 있는 초계 변씨 유허비의 내용을 보면 아버지와 아들 형제들이나 종질 간에, 혹은 친인척 간에 목숨을 초개같이 내던지는 모습을 발견할 수 있다.

이치고개로부터 장흥 유허비까지

금산에서 전주로 넘어가는 이치고개는 이치대첩으로 유명한 곳이다. 이곳에 변씨 형제들이 권율을 도와 전란을 도운 흔적이 남아 있는데, 원래는 금곡사라는 사우(祠宇)였다가 폐쇄되고 지금은 이치대첩 승리를 기념하는 충장사라는 사우로 바뀌어 있다.

이치대첩은 조선 임진란 때 충남 금산군 진산면 묵산리 배티재(배나무가 있는 고개, 이티재로 불린다)에서 1592년 7월 8일 오전 왜적과 벌였던 치열한 전투이다. 도원수 권율 장군 휘하의 관군과 의병이 연합하여 호남의 곡창지대로 쳐들어오는 왜군 2만여 명을 무찌른 전투로, 임진왜란 육지 전투 중 최초의 승리를 거둔 전투이기도 하다. 이 승리로 조선군은 곡창지대인 호남을 사수할 수 있었고, 이는 결국 임진왜란의 전세를 역전시키는 계기가 되었다.

이 전투가 왜 주목받았을까? 도요토미가 호남의 중심인 전주성을 점령하라고 지시하자 고바야카가 서울서 전라도를 침공했다가 완패한 것이다. 이처럼 바다는 이순신 장군이, 육지는 권율 장군이 버틴 덕에 호남을 지킬 수 있었던 것이다.

이 충장사에는 초계 변씨 성을 쓰는 후손들 중 전란 시 힘을 보탠 변국간, 변홍건, 변홍주, 변홍량, 변덕황, 변홍달 등 6인이 모셔져 있다. 이 부서진 비석에서 변씨 6명의 이름을 볼 수 있다. 그리고 이 6명의 이름은 장흥 유허비에도 나타난다.

이 비에 기록된 13인의 행적을 살펴본다.

사진1. **이치대첩 비각** 이순신으로 인해 남서해 바다가 막히자 왜군들은 육지에서 호남 진출을 꾀했다. 그 중요한 통로가 금산 지역의 배티재(고개)였다. 그 치열한 전투를 기념하기 위해 이치대첩 비각을 세워두었다.

사진2. **권율의 이치대첩비** 현재 대둔산 도립공원에 속한 배티재 중턱에 도원수 권율의 대첩비가 세워져 있다. 여기에도 6명의 변씨 가문 장수들이 참전한 기록이 남아 있다.

사진. 이치대첩비 동쪽 벽

동벽. 변국간 초계인
변홍건 초계인

서벽. 변홍달 초계인
변홍량 초계인
변홍주 초계인
변덕황 초계인

국토 최남단 정남진땅 장흥에서 피를 흘리며 지키다

먼저 변홍원卞弘源, 17세손, 1554~1597이 나온다. 생몰연도가 정확한지는 확인이 어렵다. 그는 권율 막하에 의병으로 들어갔다가 회령포에서 이순신 막하로 들어가 공을 세운 후 지포전투에서 순절했다. 이후 통정대부로 추증받았다. 《이충무공전서》14권 부록 '마씨가상馬氏家狀'에 마하수와 함께 이름이 나온다.

마하수馬河秀, 1538~1597는 장흥 출신으로 임진왜란, 명량해전 당시의 의병이었으며 1564년(명종 19) 무과에 합격하여 선공감주부繕工監主簿가 되었다. 임진왜란 때 거북선 건조에 참여하여 이순신을 도왔고, 1597년 이순신이 투옥되자 관직을 사퇴하였다가, 이순신이 다시 통제사가 되어 전라도 회령포에 이르렀을 때 마성룡馬成龍·마위룡馬爲龍·마이룡馬而龍·마화룡馬化龍 등 네 아들과 향선鄕船 10여 척을 거느리고 변홍원과 함께 이순신을 배후에서 도운 인물로 알려져 있다. 이때 마하수는 9월 명량해전 때에는 왜선에 포위되어 위급하게 된 이순신을 보자, "사나이로 태어나서 이때가 죽을 때이다"라며 네 아들과 함께 왜적선에 돌진하였으나, 적의 총환에 맞아 전사하였다고 한다. 후일 병조참판에 추증되고, 경기도 충현사忠顯祠에 배향되었다.[2]

1597년 9월 16일 명량에서의 대패 이후 왜군은 전라도 안양 동계 마을에 쳐들어간 것으로 보인다. 그날 10월 10일 안양 동계마을은 쑥

---

2 한국민족대백과 참조.

사진1. **벽파정과 앞바다** 전라도 진도군 고군면 벽파리 751. 명량해전이 시작된 곳이다.

사진2. **벽파정의 유래를 기록한 바위** 명량해전을 기념하기 위한 벽파진 전첩비가 뒤편에 세워져 있다.

대밭이 됐다. 치열했던 이 지역 전투에서 눈길이 가는 것은 지포芝浦해전이다. 백강 위성록 선생은 이 지포 전투에 대해 이렇게 기록을 남겼다.

1597년 10월 무렵으로 짐작되는 지포해전이 있었다. 이 지포는 안양 지천호芝川浦로 추정된다. 그 당사자들은 초계 변씨 형제들이었다. 고향 안양 일대와 동촌에 침입한 왜적에 맞서려고 급히 돌아온 변홍원, 변홍제가 전사하고 말았던 것이다. 장흥 회령포에 오신 이충무공 통제사 (재)취임에 맞춰 의병 향선 10척 집결을 마하수와 함께 주도했던 변홍원이다. 그 마하수의 아들 마위룡이 변홍원의 사위였다. 또 그 동생 변홍주는 마하수의 사위였다. 혼맥이 겹쳐 있다.

이 지포해전에서 변홍제17세손, 생몰연도 미상는 권율 막하에 있다가 이순신 밑으로 들어와 공을 세웠고 지포에서 순절해 훈련판사로 추증됐다.

변홍주17세손, ?~1598도 변홍원, 변홍제가 지포전투에서 순절하자 명량해전에 참전하여 공을 세우고 남해운대에서 순절했다. 선무원종훈에 훈록되었다.

이 변씨네 용사들이 모친 변씨와 어떤 관계였는지는 밝혀내지 못했다. 그런데 백강 위성록 선생이 소개해준 장흥의 초계 변씨 원로 변성세 선생을 통해 의문을 풀 수 있었다.

"입향조 변온 어른의 위에 강자 쓰시는 분, 그리고 그 위에 효 자 쓰시는 분이 계셨는데 존함이 변효경이고 직산에 계셨던 걸로 압니다. 그 분의 손자 대에 변온 어르신이 장흥으로 내려왔으니까 아산의 변씨와 결국 같은 가문이고 이순신 장군의 외가인 겁니다."

이 부분은 앞에서 언급한 바 있다. 태종에게 사형당한 변남룡의 6남이 효경이다. 변효경은 직산에 있었고 그의 아들 변강, 또 그의 아들 변온으로 이어지다가 변온 대에 와서 직산에서 장흥으로 입향한 것이리라. 그리고 그 후손들이 장흥에 살던 초계 변씨 형제들이다.

한편 앞에서 살펴봤듯이 변남룡의 후손 변효량의 다음 세대들이 아산으로 이주해 입향하면서 직산과 아산으로 형제들이 갈렸지만, 자손이 많지 않기에 늘 왕래하고 소식을 주고받았던 것으로 보인다.

이 때문에 이순신이 모함을 받아 죽음 직전에까지 이르렀다가 모친 변씨를 여의고 수군 재건에 나섰다는 이야기를 듣고 장흥에 있는 초계 변씨들이 들고 일어났다는 것이다.

"우리 외손 이순신 장군을 돕자"

이때 초계 변씨 무리 중에 3백 명 이상이 의병을 일으키는 데 참여하고, 이순신 휘하로 들어가 목숨을 걸고 싸웠다는 것을 알 수 있다.

특히 관직이 있어 이름이 알려진 이들은 충훈 유허비라도 남았지만, 의병으로 참여한 숱한 초계 변씨들은 이름도 없이 스러져 갔다는 것이

변성세 선생의 주장이다. 이름이 제법 알려진 장수들은 이치산성과 장흥에 각각 배향 공신 등으로 비석에 이름을 남기고 있는데, 그 면면을 살피는 것도 의미 있는 일이라 여겨진다.

변국간의 아들들은 아버지를 닮아 모두 용맹했다. 여수 진남관에 변국간 선정비가 있다고 하는데, 필자는 무심코 지나가는 바람에 제대로 보지 못했다. 다음에 꼭 들러볼 생각이다.

한편 변국간의 아들 변홍달卞弘達, 1559~?도 주목해볼 만하다. 변홍달은 1598년 12월부터 1601년까지 가리포첨사를 역임했다. 칠천량 패전을 이순신에게 최초로 보고했고, 이항복이 쓴 〈故 통제사 李公 유사〉에 충무공을 모신 고금도 사당 건립사업에 참여한 '가리포첨사'로 나온다. 정유년인 1597년 6월 26일 《난중일기》에도 그의 이름이 나온다. 그는 '흑면黑面장군'이라는 별명을 얻어 무적의 장수로 이름을 날렸다고 한다. 왜적이 그를 보면 무조건 피하라고 명령을 내렸다는 이야기도 있다.

이와 관련하여 장흥 위씨 씨족문화연구위원인 백강 위성록 선생이 블로그에 남긴 글은 초계 변씨와 후손들에 대한 이해를 돕는다.

장흥 장흥군 내 초계 변씨 흔적으로는 제3대 장흥부사를 지낸 변포(?~1488)가 재임 당시 장흥부의 관정 봉명정을 지금의 장흥읍 동교다리 주변에 건축하였다. 이후 충청도 태생으로 동복 현감을 지낸 변온(13세)이 지금의 안양면 동촌에 입촌하여 입향조가 된다. 이후 변국간(16세, 1527~1591)은 전라도 병마절도사 등 7곳의 병사와 수사를 역임하면서 선정을 베풀었다.

후손들은 임진왜란 때 명량해전 등 주요 전투에 참전하여 혁혁한 공을 세우고 순절했다. 초계 변씨 형제들의 참전은 난세의 영웅 삼도수군통제사 이순신의 조모와 모친이 초계 변씨로, 외적들이 통제사를 적극 도와 국난 극복에 앞장섰음을 짐작케 한다. [3]

여기에 나온 초계 변씨 중 하나는 변홍원이고 아버지는 변국형이다. 변홍원은 선조 23년 무과에 급제해 의병을 일으키고 권율 막하에 들어갔다. 호는 월계이며 기질이 헌걸차고 경사에 해박하게 통했으며 웅대한 지략이 있었다고 전한다.

헌걸차다는 말은 요즘 거의 쓰지 않는 고어가 되었는데, 매우 풍채가 좋고 의기가 당당한 것을 말한다. "만주벌판을 달리는 모습이 헌걸차다"와 같이 쓰는 말이다. 그렇게 헌걸찬 장수의 모습이 변홍원에게 있었다는 말이다.

그는 임진왜란 때 의병을 끌고 권율 장군에게 나가 여러 번 공적을 세웠다. 정유년에서 동생과 작은 조카들과 더불어 이충무공에게 나아가 몸을 다하고 힘껏 싸웠다. 《난중일기》에선 기록을 찾지 못했는데 이충무공이 모함을 입어 압송되자 억울함을 참지 못했다고 한다.

얼마 후 이순신이 석방되어 돌아왔다는 소식을 듣고 회령포로 나가서 이순신을 맞았다. 이순신이 공의 손을 잡고 그를 격려하기를 "나라

---

3 백강 위성록의 〈장흥군 수양리 초계 변씨 13충훈유허비〉(2019.5.2.) 글에서 인용.

가 어지러운 때이니 자신의 몸 돌보기만 생각하지 맙시다" 하니 변홍원은 "죽을 곳에서 죽는 것은 대장부의 떳떳한 일입니다" 하며 적진을 누볐다고 한다.

그는 적세가 치열했던 명량에 김응성, 안위 등 제장과 더불어 돌격하여 들어가 분투하며 큰 승리를 거두는 데 공을 세웠다.

이어서 왜구가 고향 지경으로 침입했다는 보고를 듣고 크게 놀라 말하기를 "장흥은 우리 부모님의 고향이니 적을 막는 데 어찌 조금도 지체하랴" 하고 여러 형제와 더불어 정병을 거느리고 곧바로 지포로 향하여 적을 무찌르는 전쟁 중 총알이 명중하여 전쟁터에서 졸하였다. 충무공이 애석히 생각하고 임금에게 아뢰니 통정대부로 추증했다고 한다.

장흥 사료들에 나타난 변홍원의 자료는 미처 확인하지 못했다. 다만 장흥문화원 이수경 연구원이 발표한 자료에는 나와 있다.[4]

당시 9월 20일 안양 수문에서 열린 강의에서 이수경 선임연구원은 《정유일기》에 따라 이순신 장군의 행로를 이야기하면서 지금 장흥에서 연구해야 할 과제를 제시했다.

> 정유재란 당시 회령포에 배 10여 척을 몰고 나타나 이순신 장군을 맞이한 마하수 등 의병장으로 참전한 장흥인들에 대한 연구와 기록이 중요하다. 그 당시 장흥에서는 마하수뿐만 아니라 정경달, 백진남, 문영개, 정명열, 변홍원 등 수많은 의병장들이 이순신 장군과 싸

---

4 장흥문화원 전통인문학 강좌, 2018년 9월 20일.

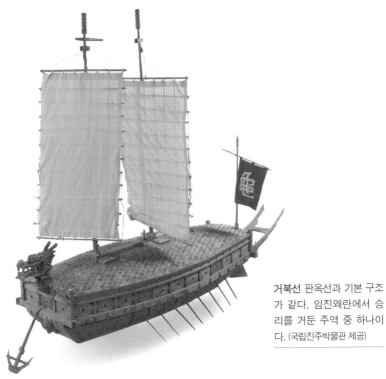

거북선 판옥선과 기본 구조
가 같다. 임진왜란에서 승
리를 거둔 주역 중 하나이
다. (국립진주박물관 제공)

두정갑(頭頂甲) 임진왜란 등
실전에서 입었던 장수의 갑
옷. 두루마기 옷 안에 철이
나 가죽으로 만든 미늘을 쇠
못으로 박아 만든 갑옷이다.
(국립중앙박물관 제공)

운 기록이 남아 있다. 이들 인물에 대한 학술대회를 개최하여 보다 면밀한 조사와 기록이 필요하다.

또, 위성록 선생에 따르면 변홍원, 변홍제의 동생 변홍주는 "이 충무공이 복임하자 여러 형제들과 더불어 백남진, 문영개, 마하수, 정명열, 김성원 등 300여 인의 의사와 함께 전선 10여 척을 수리하여 회령포 이순신의 진으로 들어갔다. 충무공이 크게 기뻐하여 '이와 같이 나라가 어지러운 시절에 자기 몸을 희생하고 있는 힘을 다하는 공을 충성스러운 사람의 기상으로 느끼지 않겠는가?'"라는 기록을 남기고 있다. 그는 후일 병조참의를 증직받았다고 한다.

또 다른 장수 변덕황18세손, ?~1597은 변홍주의 아들로, 부자가 모두 정유재란에 전사했다. 그는 부친을 도와 명량해전과 남해 운대 전투에서 싸우다 화살이 떨어져 부친이 순절하자 곽산전투에 참전, 격전 속에서 순절했다. 수사에 증직되었다고 한다. 이 역시 위성록 선생의 기록이다.

변씨 가문의 의병들

변홍달卞弘達, 17세손, 1559-1597은 임란 전 임금을 직접 배알하기도 하였으며 종성부사에 특배되기도 하였다. 임란이 벌어지자 이원익이 체찰사로 있을 때 의병을 이끌고 최선봉장인 전봉장이 되었다. 군관으로 활동하면서 분주히 전쟁터를 누비고 다녔으며, 어려움에 처한 나라를 구하기 위해 분골쇄신하였다. 무략이 뛰어나서 전공도 혁혁했다 한다. 국가적으로도 의미 있는 활동을 벌였기에 기록이 남아 있다.

그는 종성부사로 정유재란 때 회령진과 진포 남포전투에 참전하여 공을 세우고 당포전투에서 순절했다. 후에 선무원종이등훈에 녹훈되고 북병사에 추증됐다.

또 변홍적17세손, 1563-1597은 정유재란 때 당포전투에서 순절했고 변홍선17세손, 생몰년 미상은 사복시정으로 정유재란 때 당포전투에서 순절했으며 변홍량17세손, 1569-1597은 아버지가 변국경으로, 금산전투에 참전했다.

변종영의 아들 변덕장18세손, 생몰년 미상은 훈련 판관으로 임진왜란 때 의병장 최경장을 도와 많은 공훈을 세우고 선무원종훈에 기록됐다. 변덕일18세손, ?~1619은 변홍선의 아들로, 무과 합격 후 1618년에 노홍 장군, 김응하와 함께 심하에서 왕의 칙서를 받들어 싸우다가 오랑캐에게 포위되어 김응하와 순절했다. 심하는 중국 라오닝에 있다.

앞에서 언급했던 변국형의 세 아들도 공을 세웠다. 그중 막내인 변홍주는 뜻과 기개가 과묵하여 용기와 힘이 뛰어났다. 권율에게 나아가 영남 지방에서 여러 차례 승리하고, 아버지와 형이 전몰했다는 소식을 듣고 분함을 이기지 못했다. 이어 여러 형제와 더불어 회령포 이순신의 진으로 들어갔으며, 근해에 배를 나란히 배열하니 군세가 크게 진작되어 연전연승했다.

그는 형과 여러 형제들이 전몰했다는 소식을 듣고 말하기를 "홀로 잔명을 보전하는 것이 무슨 의미가 있으리오" 하고 힘껏 명량과 노량

등지에서 싸웠으며 남해 운대에서 싸우다가 화살이 떨어져 순국하게 되었다. 이후 병조참의를 증직받았고 선무원종훈이 되었으며 금산 충장사에 배향됐다.

변홍주에게는 아들이 있었는데 그가 변덕황이었다. 가학을 이어서 공부했으며 나라를 위해 충성스러운 절개가 있었다. 용맹한 아버지를 따라 명량, 노량에서 싸워 연전연승했으며 남해 운대에 나아가 싸우다가 아버지가 전사하자 공은 하늘을 부르며 통곡하길 "아버지의 원수를 갚지 못하면 홀로 살아 무엇하리요" 하고 곽산에 이르어 격전을 치르고 마침내 해를 입었다. 수사에 증직되었다.

《난중일기》에 나오는 초계 변씨들

《난중일기》에도 변씨들이 14명 정도 나온다. 박종평 작가가 정리한 것이 있어 도움이 되었다.

이 자료에 따르면 이순신과 변씨의 관계는 특별하다. 어머니가 초계 변씨인데, 이순신의 누이는 변기卞騏와 결혼했다.

앞에서도 잠시 살폈지만 《난중일기》 1592년 2월 8일(양력 3월 21일) 기록을 보면 조이립과 변존서卞存緒가 으뜸을 겨루었다는 글이 나온다.

변존서는 이순신의 외삼촌 변오卞鰲의 아들이다. 이순신과는 외사촌 관계이다. 자는 흥백興伯이다. 《난중일기》에는 변흥백, 변주부卞主簿라고 나오기도 한다. 이순신의 막하에서 공을 세웠다. 〈선무원종공신녹

권)에서는 부장으로 나오고, 선무원종공신 2등이다.

또 1593년 5월 29일(양력 6월 26일) 밤 10시에 변유헌과 이수李銖 등이 왔다는 기록도 있다.

변유헌은 이순신 누이의 아들이다. 조정의 일기 1592년 4월 24일에는 순변사 이일의 비장 변유헌이 나온다. 한자가 다르지만 작자 미상의 《응천일록》에는 卞有憲과 卞有獻이 모두 나오고, 등장하는 맥락을 보면 동일인으로 보인다. 이로 보면, 임진왜란 초기에 변유헌은 이일 막하에서 종군하고 있었던 듯하다. 〈선무원종공신녹권〉에서는 경력經歷 변유헌卞有憲으로 나오고, 선무원종공신 2등이다. 조응록의 《죽계일기》 1605년 6월 5일에는 사헌부에서 "도감 장관 변유헌이 개인적으로 목수를 광주廣州에 있는 자신의 집으로 보냈다"라고 파직을 건의한 내용이 나온다. 역시 박종평의 분석이다.

1594년 4월 4일 아침에 원수元帥의 군관 송홍득宋弘得과 변홍달이 새로 급제한 사람들의 홍패紅牌를 갖고 왔다. 변홍달은 앞에서 다루었다.

1594년 5월 21일에는 거제 장문포에서 적에게 포로가 되었던 변사안卞師顔이 도망쳐 돌아와 말하는 내용에, "적의 세력이 성대하지는 않다"라고 했다. 그다음이 중요하다.

> 1597년 6월 16일 열청蓬과 이원룡李元龍을 불렀다. 책冊을 만들어 변씨 卞氏 족보族譜를 쓰게 했다.

변씨 족보란 이순신의 어머니 초계 변씨 집안의 족보이다. 이 시기의 족보는 친손과 외손이 함께 실렸고, 남녀 구분 없이 연령 순서로 기재되었다. 친가와 외가의 8촌까지 실렸는데, 전란 중이 아니라도 족보를 고쳐 쓰거나 다시 쓰는 일이 제법 있었던 모양이다.

이순신은 어머니를 워낙 소중하게 모셨으니 그 가문의 족보도 고쳐 쓴 것으로 보인다. 새로 쓴 이유는 전란 때문에 불에 탔거나 잃어버린 것이 아닌가 싶기도 하다.

1597년 6월 19일 곧 원수元帥의 진陣에 도착했더니, 새벽빛이 이미 밝아왔다. (중략)
얼마 뒤, 초계 쉬倅, 군수가 왔다. 작별할 때, 초계 군수에게 말하기를, "진찬순陳贊順에게 심부름을 시키지 말라"고 했다. 수부帥府, 원수부의 병방兵房 군관과 쉬가 모두 요청을 승낙했다. 돌아올 때, 포로가 되었다가 도망처 돌아온 사람이 따라 왔다. 이날, 대지가 찌는 듯했다. 저녁에 작은 워라말月羅馬에게 풀을 조금 먹였다. 낮 12시쯤에 군사 변덕기卞德基와 우영리右營吏, 우수영 영리 덕장德章, 늙어서 아전의 역을 면제받은老除吏 변경완卞慶琬, 18살의 변경남卞敬男이 와서 만났다. 진사 이신길李信吉의 아들인 진사 일장日章도 와서 만났다. 밤에 소나기가 크게 쏟아졌다. 처마에서 낙숫물이 쏟아지는 듯했다.

1597년 7월 1일
저녁에 서철徐徹, 변덕수卞德壽와 그의 아들이 와서 묵었다. 이날 밤, 가을 공기가 아주 서늘했다. 슬픔과 그리움을 어찌하랴悲戀如何. 송득

草溪 密陽 卞氏大同譜 卷之三

十世 孝良 효량
文科 官은 右尹 從二品
墓稷山

十一世 子 祗 임
官은 府事 從三品 墓
稷山 松平山 後內洞向東
原 一云 月洞

十二世 子 紀 기
官은 判官 從五品

十三世 子 自浩 자호
配 宜人 仁川李氏 從六品
功臣守山 女 工曹判書
孫 左贊成 夭柱曾孫

女 朴薰 密陽人
號江皐 號大度公 享年
崇言院 父菊溪書院
享菊溪書院 子 朴喜元
墓祔

十四世 子 弘祖 홍조
官은 郡守 從四品 墓祔
山 松谷 南水口洞 亨墓下
有 束石書 日建功
海左 縣令壽孫
郡守一

子 三進 삼진
四月 六日卒 壬申
生員 敦允
配 安東權氏 治谷進士從
女 漢川府院君后孫
墓 三合之定 有三子一女

女 自浩 자호
德洞君父康
事百祿 李李臣子
李兔任 子免任綂
使贈倜議 掘忠武公
壬辰戰殁 子孝扇志武公

十五世 子 守琳 수림
將仕郞 官은 右尹 從二品
有束石
配珍寶趙氏 墓祔

十六世 子 熬 오
字擊夭 將仕郞
配長淵許氏 有一男一女
墓有山 松谷 南水口洞子
坐有碣

女 李貞 덕수인
德湖君父康

十七世 子 存緒 존서
字科伯 訓練叅正 壬
辰錄 宣武 一等原從功臣
墓 稷谷 具氏縣監路女
汸
配 綾州具氏縣監路女
后 墓祔

十八世 子 瑾 근
字子瑜
十月 五日卒 基公州祖
伏里 自實洞壬
配 龍仁李氏 號松坡德敬
女 三樻 上功臣言孫
墓有 一男三女

女 洪恪

二十世 子 東道
牧使 見下

子 東翊
六見下
八五

子 東弼
六見下
八六

尹世弼
六見下
八四

朴志喜
敦寧

女 俞桓
女 李敏行
女 俞命基
子 龍海 乩海 鴨海 院

丁卯
子命俞宷寀
定武科 俞鄭柳柳
縣令 女寀命三

264 조선을 지켜낸 어머니

초계 변씨 족보 사본 중 일부 이순신은 어머니를 위해 족보도 새로 만들게 했다. 초계 변씨의 남편 이정도 변씨 족보에 올라 있다.

운宋得運은 원수元帥의 진에 갔다 왔는데, "종사(종사관 황여일)가 큰 냇
가에서 적笛 소리를 듣고 있습니다"라고 했다. 기가 막힐 일이다. 기
가 막힐 일이다. 오늘이 곧 인묘仁廟, 인종 임금의 나라 제삿날이기 때문
이구나.

문화재청본, 편수회본 등은 변덕수卞德壽를 "方德壽(방덕수)"로 보았
다. 그러나 "卞德壽(변덕수)"의 오자이다. 2일 일기에도 변덕수가 나온
다. 친필본을 보면 '方'으로 볼 수도 있으나, 2일 일기의 '卞'과 비슷하
다. 다른 일기에서도 변덕수는 나오지만 방덕수는 나오지 않는다.

변덕수1555~?는 조선 중기의 무신으로 초계 출신이며 1583년 무과
별시에서 급제했다.

1597년 7월 4일
변여량卞汝良과 변회보卞懷寶, 황언기黃彦己 등은 모두 과거에 합격했
다出身. 와서 만났다. 변사증卞師曾와 변대성卞大成 등도 와서 봤다.

박종평 선생은 문화재청본의 '卞師會(변사회)'를 편수회본, 박혜일·최
희동본, 홍기문·이은상 등은 '변사증(卞師曾)'으로 판독했다고 보고《난
중일기》·〈정유년Ⅰ〉 9월 7일의 "曾(증)"과 같은 글자 모양이어서 이 번
역본에서는 '변사증'으로 보았다고 기록을 남겼다.

한편 변씨 자손의 기록은 더 있다.

1597년 7월 5일

이른 아침에 초계 쉬가 "체상體相, 체찰사 이원익의 종사관 남이공南以恭이
지나갈 것입니다"라고 하면서, 산성에서 와서 문門을 지나갔다. 늦게
변덕수卞德壽가 왔다. 변존서는 마흘방馬訖坊으로 갔다.

1597년 7월 11일

늦게 변홍달과 신제운申霽雲, 임중형林仲亨 등이 와서 만났다.

1597년 7월 16일

늦게 변의정卞義禎이란 사람이 서과西果, 수박 두 덩이圓를 갖고 왔다.
그의 겉모습은 보잘것없고, 또 어리석고 꾀죄죄했다. 가난하고 외진
곳에 사는 사람이라 배우지 못하고 가난해 형편상 그런 것이구나窮村
僻居之人 不學守貧 勢使然也. 이 또한 소박하고 후덕한 모양이다此亦矣朴厚
之態.

1597년 7월 17일

늦게 초계 쉬가 벽견산성碧堅山城에서 와서 만나고 돌아갔다. 송대립宋
大立과 류황柳滉·류홍柳弘, 장득홍張得弘 등이 와서 만났다. 해가 저문 뒤
되돌아갔다. 변대헌과 정운룡鄭雲龍·(정)득용得龍, 구종仇從 등은 모두
초계 향리이다. 그들 가문의 같은 갈래同派 사람들인데 찾아와 만났
다. 큰 비가 내내 내렸다. 신여길申汝吉이 '이름을 적지 않은 관직 임명
장空名告身, 공명고신'을 바다 위에서 빠뜨려 잃어버린 일 때문에, 죄의 유

무를 조사받으러 갔다. 경상慶尙 순사巡使, 순찰사가 데려갔다.

이 기록을 보면 초계 향리들이 이순신을 찾아와 삼도수군통제사로 재기하는 이순신의 후원세력이 되었으며 도울 방법을 찾아 적극적으로 나선 것으로 짐작할 수 있다. 이처럼 변씨 가문의 인물들은 어느 누구보다도 이순신 장군에게 큰 도움이 되었다. 특히 원균의 칠천량 패배 후 아무것도 남지 않은, 초토화된 삼도수군을 재건하는 마중물이 된 것으로 보인다.

이순신 개인에게도 이들의 도움은 큰 위로가 되었을 것이다. 또한 그와 함께 돌아가신 모친 변씨에 대한 사무친 고마움도 깊이 느꼈을 터이다.

모친 변씨는 죽어서도 아들 순신을 도왔다.

4부 정리편

여기까지 본문을 읽으신 독자분들에게 필자의 생각을 정리해 드리기 위해 본문 요약의 별도 장을 만들어보았다.

◎ 모친 변씨의 죽음에 이순신을 비롯한 후손들이 대동단결하기 시작했다.

◎ 덕수 이씨 후손들은 저마다 삶의 현장에서 변씨 할머니의 희생정신을 드러내는 삶을 살았다. 종군과 순국의 길로, 공직자의 길로, 전란의 현장에서 이들 후손들은 멸사봉공, 위국, 애민의 길을 걸었다. 순신 이후에 12명의 덕수 이씨 통제사 후예들이 나와 충무공의 삶을 떠받쳤다.

◎ 변씨 가문의 무명 유명 용사들이 모두 모여 이순신의 수군 재건 사업에 동참했다. 12척의 판옥선밖에 없던 이순신이 통제사 복임으로 전투를 다시 준비할 때 이들이 전란 모병의 마중물이 되었다.

◎ 변씨의 후손들이 변씨 할머니의 죽음을 기리며 외손 이순신을 돕고자 전쟁터로 모여 들었을 때 변씨 청장년들의 단결력은 어느 가문보다 뛰어났다. 특히 장흥 지역 변씨 후손들은 명량과 지포해전, 노량해전에 적극 참전해 자신의 목숨을 초개같이 던져 넣었다.

◎ 변씨 형제들은 기꺼이 살길을 찾을 수 있었음에도 자신의 핏줄들이 전사하는 모습에 분개하여 함께 전사하는 용맹함을 보여주었다.

◎ 장흥 안양면 수양리의 13인 충훈유허비는 그 일부를 보여주는 작은 증거다. 이름이 알려지지 않은 무명의 용사들이 훨씬 더 많다는 것이 필자의 생각이다.

◎ 바다에서 순신이 서해로 진출하려던 왜군의 보급로를 차단했다면, 금산 이치 지역은 호남 진출을 통해 육로로 진격하던 왜군을 막은 요충지였다. 권율이 지휘한 이치대첩에도 변씨 가문 6명의 장군들이 참전해 용맹을 떨쳤다. 당연히 무명용사들도 더 많았을 것이다. 그 흔적들이 지금도 금산 배티재 부근에 남아 있다.

부록

초계 변씨 가계도

초계 변씨와 이정, 이순신의 가계도

초계 변씨 연보

이순신 장군의 삶

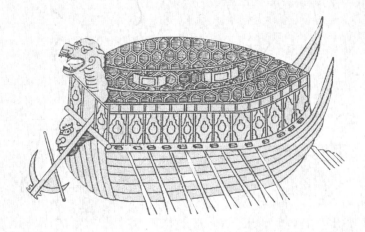

초계 변씨 가계도

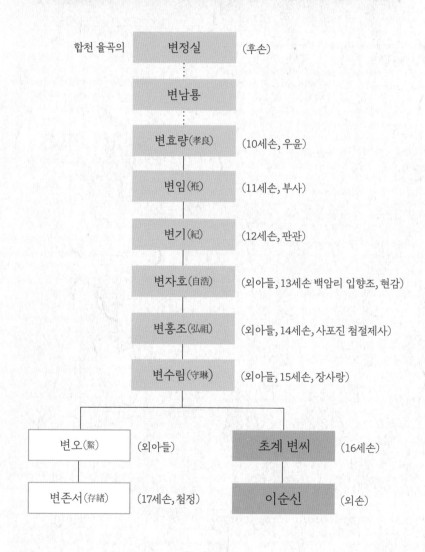

합천 율곡의

변정실 (후손)

⋮

변남룡

⋮

변효량(孝良) (10세손, 우윤)

변임(衽) (11세손, 부사)

변기(紀) (12세손, 판관)

변자호(自浩) (외아들, 13세손 백암리 입향조, 현감)

변홍조(弘祖) (외아들, 14세손, 사포진 첨절제사)

변수림(守琳) (외아들, 15세손, 장사랑)

변오(鰲) (외아들)

초계 변씨 (16세손)

변존서(存緒) (17세손, 첨정)

이순신 (외손)

초계 변씨와 이정, 이순신의 가계도

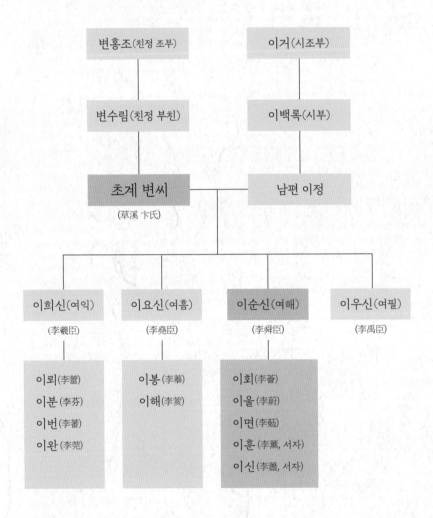

변홍조(친정 조부)

이거(시조부)

변수림(친정 부친)

이백록(시부)

초계 변씨
(草溪 卞氏)

남편 이정

이희신(여익)
(李羲臣)

이요신(여흠)
(李堯臣)

이순신(여해)
(李舜臣)

이우신(여필)
(李禹臣)

이뢰(李蕾)
이분(李芬)
이번(李蕃)
이완(李莞)

이봉(李菶)
이해(李荄)

이회(李薈)
이울(李蔚)
이면(李葂)
이훈(李薰, 서자)
이신(李藎, 서자)

※ 가계도 중 주요 인물

- 이희신(1535-1587) : 변씨의 장남. 자 여익.

- 이요신(1542-1580) : 변씨의 차남. 자 여흠.

- 이분 : 참전, 이희신의 둘째 아들.

  이순신 막하 종군함. 군중 문서 담당. 명나라 장수 접대.

  정유재란 후 이순신 행장을 기록함. 그 덕분에 오늘날 이순신을 알게

  됨. 병조정랑까지 오름.

- 이완 : 참전, 이희신의 넷째 아들. 19세부터 이순신 막하 종군. 노량해전

  때 순신의 마지막을 지키고 숙부 대신 독전함. 충청병사를 거쳐 의

  주부윤으로 정묘호란 중에 청태종의 침략에 맞서 싸우다 인조 5년

  전사.

- 이면 : 이순신의 셋째 아들. 정유재란 발발 후 16세 때 아산 본가에서 왜군

  과 접전 끝에 전사.

- 이훈 : 인조 2년 이괄의 난 때 전사.

- 이신 : 정묘호란 중에 청태종 침략에 맞서 싸우다가 이완과 같이 전사.

초계 변씨 연보
(추정치 포함)

1515년	변씨 출생.
1534년 (추정)	남편 이정과 결혼.
1535년	맏아들 희신1535-1587 출생.
1542년	둘째 요신1542-1580 출생.
1545년 4월 28일	셋째 순신 출생(음력 3월 8일).
1546년 4월경	남편 이정과 함께 시부 이백록의 무죄 청원. 영의정 윤인경 통해 소청.
1555년경(추정)	동학 다니던 요신과 류성룡의 만남.
1558년경	아래 위 2, 3년 사이 서울 건천동에서 아산으로 이사. (1554년 이후 10세 이후로 추정) (이순신 청소년 시절, 1558~1576 아산 거주 추정)
1564년	맏이 희신과 관련하여 재산분급 추정.
1565년	이순신, 보성군수 방진(아산 재산가)의 딸 상주 방씨와 결혼.
1566년	이순신, 무과 공부 시작.
1567년	이순신의 맏아들 회 출생.
1571년	이순신의 둘째 열 출생. 후에 울에서 열로 이름을 바꿈(1597년 5월 3일).
1573년	둘째 요신의 생원시 급제. 변씨, 요신의 급제 기념 재산분급.

1576년 2월	이순신 식년 무과 급제. 32살부터 무관직. (병과 기록에 거주지 아산으로 명기됨)
1576년	이순신 급제 기념 재산분급 〈별급문기〉 기록. (1588년 3월12일 집안 화재로 문서 소실, 재작성)
1577년	이순신의 셋째 아들 면 출생.
1580년 1월 23일	둘째 아들 요신 사망.
1583년 11월 15일	남편 이정 사망.
1587년 1월 24일	맏아들 회신 사망.
1588년	화재로 재산분급기 재기록. 21명의 노비 문서 입증. 영광, 나주, 흥양, 영변, 은율, 평산, 전주, 광주, 남원, 아산에 이르기까지 여러 곳에 거주.
1589년 12월	정읍현감 부임, 모친 변씨도 식솔들과 이사.
1591년 2월 13일	이순신, 전라좌수사로 발령.
1593년	5.28~6.1, 6.6 변씨, 여수 고음천으로 이사. 율촌 성생원 도착 후 이순신과 해후, 정대수집 이사.
1597년 2월 26일	이순신 파직, 무고로 하옥당함. (하옥은 3월 4일)
1597년 3월말~4월초	병중에도 여수 고음천에서 배를 타고 아들 순신을 보러 상경.
1597년 4월 11일	법성포 앞바다에서 6일간 표류 후 별세.
1597년 4월 13일	해암에서 시신으로 순신과 해후.

이순신 장군의 삶

1545년	1세	3월 8일(양력 4월 28일) 한양 건천동 출생.
1565년	21세	결혼.
1566년	22세	무예수련 시작.
1572년	28세	훈련원 별과시험 낙방. (낙마)
1576년	32세	2월 식년무과 합격. 12월 함경도 동구비보의 권관이 됨. (종9품)
1579년	35세	2월 훈련원의 봉사가 됨. (종8품) 10월 충청병사의 군관이 됨.
1580년	36세	7월 전라좌수영 발포의 수군만호가 됨. (종4품)
1582년	38세	1월 발포 수군만호 파직. 5월 훈련원봉사로 복직됨. (종8품)
1583년	39세	7월 함경도 남병사의 군관이 됨. 10월 함경도 건원보의 권관이 됨. 11월 부친 별세.
1586년	42세	1월 사복시의 주부에 임명. (종6품) 1월 함경도 조산보만호가 됨. (종4품)
1587년	43세	8월 녹둔도 둔전관 겸임. 9월 여진족의 기습을 격퇴했으나 파직되어 백의종군함.

1588년	44세	1월 시전부락 공격작전에 공을 세워 백의종군에서 풀려남.
1589년	45세	2월 전라감사 이광의 군관 겸 조방장이 됨. 12월 전라도 정읍의 현감이 됨. 태인현감 겸무.(종6품)
1591년	47세	2월 전라좌수사가 됨.(정3품)
1592년	48세	4월 12일 거북선 완성. 4월 13일(양력 5월 23일) 임진왜란 발발. 4월 27일 경상도 출전 명령을 받음. 5월 7일 옥포승첩. 6월 2일 당포승첩. 7월 8일(양력 8월 14일) 한산대첩. 9월 1일(양력 10월 5일) 부산승첩.
1593년	49세	2월 10일~3월 6일 웅포 승첩. 7월 14일 한산도 이진. 8월 15일 전라좌도수군절도사 겸 삼도수군통제사 임명 임명장은 10월 9일에 받음.
1594년	50세	3월 4~5일 당항포승첩. 3월 12일 담종인의 금토패문禁討牌文에 항의 답서 보냄. 9월 29일~10월 8일 거제 장문포 수륙연합 작전 실시.
1595년	51세	2월 원균 경상우수사에서 충청병사로 전출.

1597년	53세	2월 함거에 실려 한양으로 압송. 정유재란 발발. 4월 1일 투옥된 지 28일 만에 출옥해 백의종군. 4월 11일 모친 별세. 7월 16일 원균의 삼도수군 대패, 원균 사망. 8월 3일 삼도수군통제사 재임명. 8월 20일 전라도 이진梨津으로 진을 옮김. 8월 24일 전라도 어란포로 이진. 8월 29일 진도 벽파진으로 이진. 9월 16일 울돌목해전·명량승첩. 10월 29일 목포 보화도로 이진.
1598년	54세	2월 17일 완도 고금도로 이진. 7월 16일 명나라 수군 도독 진린이 수군 5천 명을 이끌고 고금도로 옴. 8월 18일 도요토미 히데요시 사망. 9월 20일~10월 9일 수륙합동으로 왜교성의 고니시 부대 공격. 11월 19일(양력 12월 16일) 노량승첩 거두고 순국.

글을 마치며

1. 이 책에 실린 사진과 자료는 대부분 출전 표기와 함께 게재 허락을 얻었습니다. 미처 챙기지 못한 부분도 있을 수 있기에 이에 대한 양해를 구합니다.
2. 관련 선행 연구로 큰 도움을 주신 연구자와 필진분들께 감사 인사를 올립니다.
3. 이 책은 인문서의 형식을 취했지만 역사 추적과 문헌 검증이 어려운 부분에 일부 필자의 상상력이 가미된 부분이 있음을 알려드립니다.
4. 이 책에서 《난중일기》 해설 부분은 박종평 작가의 글을 상당수 인용했습니다. 박 작가는 현지 취재와 도움 자료 제공에 큰 도움을 주셨습니다.
5. 변씨 가문의 취재에 협조해주신 문중 여러분께 감사 인사를 드립니다. 덕수 이씨 가문에도 심심한 감사를 올립니다. 더불어 유적지 현장 취재 길에 도움을 주신 주민 여러분께도 감사를 드립니다. 혹시 미진한 부분이 있더라도 너그러운 양해를 구합니다.
6. 각 부마다 요약한 글을 다시 붙였습니다. 이 부분만 읽으셔도 책의 전체 개요를 쉽게 이해할 수 있게 했습니다.
7. 사진 촬영을 도와주신 이순신학교 교수님들께 감사 올립니다.
8. 차후에도 이 책의 미비한 점을 개선하고 보완해나가겠습니다.

이순신을 성웅으로 키운 초계 변씨의 삼천지교

조선을 지켜낸 어머니

초판1쇄 발행	2022년 2월 28일
초판3쇄 발행	2022년 5월 6일

지은이	윤동한

펴낸이	신민식
펴낸곳	가디언
출판등록	제2010-000113호(2010.4.15)
주 소	서울시 마포구 토정로 222 한국출판콘텐츠센터 306호
전 화	02-332-4103
팩 스	02-332-4111
이메일	gadian7@naver.com
홈페이지	www.sirubooks.com

ISBN	979-11-6778-029-4 (03990)

* 책값은 뒤표지에 적혀 있습니다.
* 잘못된 책은 구입처에서 바꿔 드립니다.
* 이 책의 전부 또는 일부 내용을 재사용하려면 사전에 가디언의 동의를 받아야 합니다.